北大学霸超级笔记

闻道清北◎编著

考入北大的数十位学霸倾囊相授
学习和成长秘籍

中国华侨出版社
北京

图书在版编目（CIP）数据

北大学霸超级笔记 / 闻道清北编著. -- 北京：中国华侨出版社，2020.11

ISBN 978-7-5113-8321-1

Ⅰ. ①北… Ⅱ. ①闻… Ⅲ. ①高中生－学习方法 ②高考－经验 Ⅳ. ① G632.46 ② G632.474

中国版本图书馆 CIP 数据核字（2020）第 181340 号

北大学霸超级笔记

编　　著 / 闻道清北
责任编辑 / 高文喆　桑梦娟
装帧设计 / 八度出版服务机构
监　　制 / 秦莉瑶
经　　销 / 新华书店
开　　本 / 685mm × 960mm　1/16　印张：16　字数：190 千字
印　　刷 / 三河市人民印务有限公司
版　　次 / 2020 年 11 月第 1 版　　2020 年 11 月第 1 次印刷
书　　号 / ISBN 978-7-5113-8321-1
定　　价 / 49.80 元

中国华侨出版社　北京市朝阳区西坝河东里 77 号楼底商 5 号　邮编：100028
发行电话：18610159925　　传　　真：（010）64439708
网　　址：www.oveaschin.com　　E-mail：oveaschin@sina.com

编委会

致读者的一封信

亲爱的你：

不论你是埋头苦读的学子，还是期盼孩子有美好未来的家长，是否都有这样的困惑：为学习缺乏动力、没有效率，始终找不到属于自己（或孩子）的高效学习方法而苦恼；因为（孩子）自我管理能力差、不会合理规划时间，每天挑灯熬夜也不见成绩提高；与父母（或孩子）的沟通总是问题频出，矛盾越发尖锐；学习成绩平平的自己（或孩子）怎样才能考取不错的成绩……

如果你还天真地认为，学习只要抱着认真听讲、勤奋努力、疯狂刷题、认真补课这种“尽人事听天命”的态度，甚至认为学习成绩好纯粹是天赋的话，那就大错特错了。

清华大学和北京大学的同学们用两年的时间做了一项调查研究，并且深入讨论了这些问题，得出的结论是成绩优异、考入名校绝非天赋！其实，学霸也不过是莘莘学子中的一员，都是一步步克服学习中的困难、翻越学习过程中遇到的一座座考验大山成长起来，最终考上名校、圆梦成功的。

2018年，清华和北大的同学们达成共识、强强联手成立了闻道清北团队，聚焦学习与家庭教育的研究，致力于将考入清华和北大的学子们的高效学习方法、应试技巧等经验分享给有需要的人，给正在备受这些问题困扰的你以明灯，指引你到达彼岸。

他们通过回忆自己的高考心路历程，给处于迷茫期的你（或孩子）以信心；通过分享自己的高效学习日常，给学习效率低下的你（或孩子）树立榜样；通过总结自己的学习方法与技巧，给苦学无果的你（或孩子）以方向；通过分享父母与自己的互动，让你知道原来良好的家庭教育在备战高考过程中也是不可或缺的。

本书由四部分组成：

第一部分是逆袭成功篇，聚焦北大学子的独特逆袭之路——遇到了什么困难，遭遇的挫折是什么，为何曾经一度挫败但最终成功考上了北大……

第二部分是学习效率篇，聚焦学习效率的提升——通过分享自己的时间管理、学业规划、课余时间利用的诀窍，带你走进高效学习的乐园。

第三部分是学科突破篇，聚焦学科的学习方法和应试技巧——不同学科学习方法虽有相似但不尽相同。北大学子分享各科学习的独门秘籍，总有一款适合你。

第四部分是家庭教育篇，聚集父母的作用发挥——北大学子分享他们与父母相处的点点滴滴，让你认识到其实良好的家庭环境直接作用于学习效果，通过他们的分享，你可以很好地避开雷区，创造属于自己的良好环境。

文中的每字每句都取材于北大学子真实的成长经历。他们在考入北大前也不过是高考备考大军中的一员，同样面临着人生目标的思考、学科短板的限制、学习技巧的误区、成绩平台期的调整……他们之所以能够脱颖而出、超越同侪，是因为他们在面对这一个个困难时，不退缩、不胆怯，寻找一切办法去一一克服，由此突破自己、快速成长，最终圆梦。

希望在你合上这本书的一刹那，同样也收获满满！

闻道清北团队

2020年6月1日

清北学霸寄语

伍廉荣

没有人可以轻轻松松超越自己和超越别人，拿疲惫和辛苦当借口，只会让你输在起跑线上。

于思瑶

一个人的意志力量不够推动他自己，他就失败，谁最能推动自己，谁就最先取得成功。

王　宇

我们无法预测将来的自己会成为怎样的人，唯一能做的就是把握现在不留遗憾！

何思远

将课本上的概念和公式吃透，加上有针对性地训练，在脑海中构建起知识的体系，考试时就会更加得心应手。

陆泉宇

或许你现在正面对迷茫、困顿、失望，但请坚持下去，一直走下去，请相信，阳光终究会出来。

王诗语

提高学习效率需要养成良好的课堂学习习惯、提高学习兴趣、学会时间管理、回顾记忆知识点。

杨子悦

没有谁是天生的天才——至少在高中阶段，努力一定是一把通向成功的钥匙。

蒋馨雨

从稚嫩迈向成熟，就是要学会摆脱原本的他律，走向真正的自律，在自律的推动下去追寻自己的目标与梦想。

喻圣豪

不断改进自己的学习方法，坚持初心，坦然面对学习中的坎坷，坚信自己的努力不会白费。

白思雨

无论你现在处于什么样的位次，都要坚定信心，不懈努力，最终都会实现自己的梦想的。

李　昊

能决定我未来命运的，只有我自己，任何的自暴自弃都是不可取的。

清北学霸寄语

石雨婷

平安喜乐的日子不难有，关键在于不要为你做出的任何选择而感到后悔。

翟浩博

没有任何事情可以一蹴而就，没有学过之后的落寞和持之以恒的积累，知识不过是过眼云烟。

孙　超

正确地看待竞争，处理失落与不协调的心境，采取高效有利的方式，去追求符合自己能力与兴趣的那条通向梦想的道路。

孙陈亦

厚积而薄发，滴水而穿石，一旦养成良好的学习习惯，其力量无穷已。

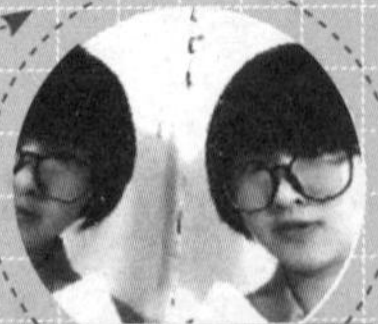

刘　茗

你有多努力，就有多幸运。

刘丝雨

学习是苦中有甜的，在刷题的过程中，开始可能有些无趣，但是量变最终会产生质变。

黄宁婧

认真对待每一次刷题，将这个积累的过程当做打怪的过程，最后高考结束，你回过头会来发现，自己已经通关了。

王 辰

学习不仅要讲求勤奋，而且更应讲究方法，高效率学习一定是科学的学习方法的产物。

宋娜萍

试着为自己找一些爱上学习的理由吧，只有从内心接受它，才能有所提升。

张 蓉

学习往往是枯燥且漫长的过程，我们一定会遇上瓶颈期，但一定不能够放弃，要时刻铭记自己的目标，也要明确为了这个目标我们要付出什么。

邱梓晟

在紧张的学习之余，千万不要忘记保留一颗乐观的心，相信那句“All is well”，幸运女神将永远眷顾自信乐观之人。

梳理小说情节

(1) 按时间线索 《好望角》按老人一生时间历程组织情节
(2) 场景的变化一定是情节发展的节点 《木笛》中考场到广场的变化
(3) 视情节对文章的主旨、对表现人物性格的作用保留情节《巴尔塔萨的一个奇特的下午》情节繁多，视情况决定是否保留
(4) 倒叙、插叙、补叙的情节不作调整，暗示的情节不作明示《药》中只概括小栓家买药、吃药、谈药的情节，不明示暗线
(5) 新人物的出场推进情节发展 《最后一片常春藤叶》中主人公贝尔曼中途出场，有了画叔叶支持琼西活下去的情节

…一情节的作用

(1) 情节和其他情节的关系：埋下伏笔、设置悬念、线索、铺垫、照应、推动情节发展、使情节更加曲折、与其他情节对比烘托
《侯银匠》中开篇写侯菊操持家务的情节，为下文出嫁及成为精明的管家作铺垫。
(2) 情节与环境的关系：使环境更具典型性，突出(烘托、交代)人物活动的环境 《巴尔塔萨的一个奇特的下午》对酒吧情节的描写，使人人跟风、围观的小市民阶层社会环境更加典型
(3) 情节与人物形象的关系：塑造、表现、更加丰满 《鞋》中守明羞涩送鞋的情节使她内敛、含蓄、隐忍的传统形象更加丰满
(4) 情节与主题的关系：揭示主题、深化主题、丰富主题《审丑》中丈夫与邻居的对话深化了人性真善美的主题
情节与读者感受的关系：设置悬念、引人入胜、吸引读者注意、引起阅读兴趣、引发读者思考 《数学家的爱情》……

…节的安排技巧

视角——人称的选取
(1) 第一人称使文章真实可信《古渡头》以"我"的经历展开叙述
(2) 第三人称使叙事客观方便 《六指旗》的全知视角
…材料的组织方式
(1) 线索 情节和情节之间的勾连，可以是人物、事物、事件、情感、时间、空间
① 线索是什么 《马兰花》明线马兰花借钱，暗线麻家还钱
② 线索的作用 《想象》以想象为线索，将臆测中得的各种病串联展开情节
(2) 记叙顺序 顺叙、倒叙、插叙、补叙 《泪为谁流》运用倒叙，深化情感表达效果
…结构上的其他技巧
(1) 悬念——吸引读者阅读欲望
① 悬念设置的方法

情节

人物形象分析
方法：(1) 人物……
中强……
(2) 从……
下午……
(3) 人物……
陆耳……
(4) 从……
厮……
要点：(1) 不要……
(2) 不要……
(3) 注意……
(4) 不要……
(5) 不要……

人……

小说

a. 倒叙法(将故事的高……引发阅读欲望) 《祝福》……死提到开篇，为死因设……
b. ……不符合逻辑的，会引发……《林教头风雪山神庙》……
c. 误会和错位
d. 删减、隐藏、含蓄、桥……
② 悬念的作用(更多强调……
a. 吸引读者，引起阅读……
b. 使文章情节跌宕起伏，……
c. 为下文作铺垫，埋伏笔，提……
d. 强调主题，留下想象……
(2) 伏笔 《 》中……精湛技艺为妇女出场埋下……
(3) 欧·亨利式结尾 《演员……
4. 表达方式
(1) 记叙 《马齿苋先生》通……
(2) 抒情 《古渡头》"结……过湖；刮风，落雨，我得过……
(3) 议论 《平凡的世界》……

的细节（肖像、语言、行为）《峡谷》
年的粗犷体现他的野性原始美
矛盾冲突展开《巴尔塔萨的一个奇特的
塔萨与妻子的矛盾、和客人的矛盾
的环境《血的故事》中台湾和大
时代背景和社会环境
物的反映、评价、总结《红楼梦》小
风"明是一盆火，暗里一把刀"

性总结为共性；
直接总结为性格特征；
的情感意向；
里活动总结为性格；
一个层面。

次要人物的作用

(1) 推动情节发展《最后一片常春藤叶》琼西推动了整个故事的发展

(2) 深化主题《马裤先生》对受指使的茶房的描写深化了做人不要颐指气使、自私自利的主题

(3) 对主要人物形成正衬或反衬《孕妇和牛》中的牛既正衬孕妇将为人母母性的伟大又反衬出作为人类的孕妇对知识文化的渴求

环境描写的作用

(1) 从环境本身：渲染气氛。《永远的蝴蝶》爱情悲剧

(2) 交代故事发生的时间地点 环境描写点明了湘西这一

(3) 暗示社会环境《祝福 描写暗示了封建礼教吃

(4) 从情节角度

① 推动情节发展《林 庙》"那雪下得正紧"

② 为下文情节作铺垫、埋 开篇的环境描写

③ 作为情节的时空线索

(5) 从人物角度

① 介绍人物身份地位 丹濮奏家身份的暗示

② 揭示人物心理，烘托 楼梦》中红梅暗示了 心向红尘的性格

③ 暗示人物命运《祝 暗示祥林嫂之死。

(6) 深化主旨，暗示主旨 环境表达对野性美的

阅读

思维导图

环境

主题

结局前置，
祥林嫂之

安排 的
的情节
为描

增强；
合理性；

的美貌和

情节突转

雪、扑得

论

小说主题探究

(1) 关注主人公，尤其是其结局《祝福》祥林嫂之死揭示了封建礼教吃人的主题

(2) 关注故事的背景和作者的生活背景《十二点的列车》写于埃及社会动乱，人们渴望理想彼岸的环境下

(3) 关注作家风格，尤其是熟悉的作家和创作风格成熟的作家 鲁迅、沈从文、汪曾祺

(4) 关注地域特色 北方作家多写宏大的时代主题，南方作家偏重刻画人物细腻的内心活动

探究题答题思路

(1) 亮观点。先亮出自己对所探究问题的观点，做到观点明确，并具有探究意味；

(2) 扣文本。从文本中找出证明观点的依据，采用"述评结合"的方法；

(3) 巧联系。联系所学历史故事、历史人物、现实案例、现实人物和自我等例子佐证自己的观点；

(4) 作结论。给论述作一小结，将文本依据和联系的例子所证明的观点或加以强调，或加以引申。

探究题答题方法

1. 从人物、情节、环境入手。一 节发展、情节结构的关系和作 与塑造人物形象的关系；三 描写的意义；四看命题点对 义和作用；

2. 正确认识小说的特性

(1) 分析人物形象是否合乎 把小说中人物形象特征与 中的此类人物联系起来评

(2) 分析人物形象是否具有 性。先概括作品中人物 再谈这一形象是生活中哪类

(3) 分析人物形象是否具有典型

(4) 分析小说情节、细节、性 实性：源于生活高于生活；

(5) 分析情节设计是否合理

暴露问题

忙乱与混沌 从高二结束的暑假到高三开学，六门学科同时开始复习，在信息轰炸面前，我选择终日埋头于各式各样的资料中

↓

自以为牢牢掌握的基础知识变得模糊而陌生，而老师对知识掌握精度与深度的要求越来越高

↓

考试失利 警醒我开始反思

↓

所谓的"时间不够用"，其实就是对自我时间的规划不足（需要真正立足于自身实际情况）

终有收获

(一) 学习效率↑

(二) 心态的改变

收获不仅仅体现在

这对于高三学生无

压缩琐事时间，有

→ 便我可以利用

高三刚开始：

手忙脚乱，迷茫

中发挥不利，打击

尝试改变

(一)给自己买一个日程计划本

以日为记录单位，附加每周总结板块、每日打卡方格和每月日历，其设计的书写空间能满足每日所准备学习事项的记录需求

↓

①每天早上在计划本上列学习任务，随时补充；

②每周总结后，固定事项提前在下一周每天区域写好；

③完成每项后打勾。

(二)提高做事速度和效率

明确了有多少事情要完成，对自己的时间抓得更紧，不把时间浪费在无关的事情上。

↓

前期可能不适应，但可以大家共同努力

习效率提高、学习内容增多，同样也体现在我的学习心态上。

是非常重要的。

地提高自己的效率

碎片时间大大增加

开始时间规划后：

虑，在考试 → 能意识到自己的问题，避免将大量时间精力花在焦虑上，保持平稳心态

信心

目 录

01【逆袭成功篇】

02【学习效率篇】

03【学科突破篇】

04【家庭教育篇】

01

逆袭成功篇

逆境
是前进的阻力
更是造就强者的动力
一个人
如果不逼自己一把
就根本不知道自己有多优秀
在逆境面前
放弃
也许只需一个念头
然而可能要用一生去懊悔
只有敢于逆袭
不折不挠
才能爆发出最强的反弹力
冲上云霄

锲而不舍的努力定能让你从低谷冲向顶峰
——我的高三断崖、逆袭与巅峰

陈　晨

高考总分：**678**

毕业于湖南省长沙市长郡中学

就读于北京大学医学人文学院

努力努力再努力！
成功不是一蹴而就的，是我们努力坚持积累到一定量后的爆发。

那一年，我身在全湖南省最好的高中之一，周围强者云集，我也不甘示弱。在高三的第一次关键性月考上，年级1000多人中，我考了第18名，一个几乎已经可以稳上清北的名次（长郡中学每年以高考裸分进入清华北大的人数在20+）。可谁曾想，努力过后的下一次月考是第40名，疯狂努力过后的再下一次月考是第80名……命运像在给我开一个巨大的玩笑，我的努力带来的居然是排名的倍数型增长。在明知方法正确，努力却不带来回报的绝望困境中，我究竟是如何调整心态，走上了新的巅峰的呢？

年级18

高三第一次月考成绩出来时，我考了年级18，这个名次已经基本可以保证半只脚踏入了顶尖学校的大门。这是我第一次考进年级前20，虽然成绩不错，但丝毫没有影响我做好打高三这一场硬仗的准备。我按照自己过去的方法，开始安排每天的复习计划，把作业的完成时间挤在短暂的中午，把早晨和晚自习的整个时间预留出来进行复习。长期的经验告诉我，成绩的提升对我而言绝非难事，只要认真地做、正确地做，付出努力，就可以有所收获。我相信我自己，也相信自己的信念。

继续努力前进，却失败了

第二次月考成绩出来，我满怀期待地去看名次，我心想，“维持在20左右就挺好的，说不定有提升？”结果却看到了一个不温不火的数字——40，这个名次硬生生将我打回了高二的原形。我开始慌了，这和我想象得不太一样，高三了，我比以往更努力，可是为什么成绩不上反下？这成绩好像吊在顶尖学校的边缘，虽不至于下来，但上也上不去。看着周围的“大牛”们，又听说了同学家里凌晨两点的灯光，我意识到这不再是过去只要自己稍努努力成绩就可以往上爬的日子了，每一个人都在拼，每一个人都在向上进步，普通的努力已不再能保证你可以超越别人了。

我下定决心，我必须要拼一把，所有人都在往前赶，我不能就这样被落在后头。我开始挤出课间的时间完成作业，精确计算每天上课、下课、吃饭和睡觉的时间。小至一组选择题，大至一套模拟题，我掐着表，完成自己大大小小的复习计划。每天清晨天微微亮，我第一个赶到教室。下午下课吃饭，我跑着步冲下六楼，跑着步到食堂，在十分钟内解决掉饭菜，再稍微慢些跑着步回到教室，以至于6点10分放学的我，可以在6点30分之前重新出现在教室里，继续开始学习。晚上11点多晚自习结束，我总是留在教室里带着当日所碰到的问题请教其他优秀的同学；没有解决的问题要求自己第二天一定要在课间找老师问明白、解决掉。我既疲惫又自信，我知道自己的方法没有错，也试图做到最好，我的一举一动都在老师和同学们的注视下，他们称我为榜样，我也努力稳定心态，不骄傲不浮躁。

再努力，再失败

第三次月考成绩出来了，名次贴在班级的墙上，大家簇拥成一团，争先恐后地寻找自己的名次。我心里有大半的自信：从小到大，我相信努力了就会有好的结果。在这一个月里，我选好了自己的方法，做好了每一件事情，复习好了上次考试中遗漏的每一个知识点，有什么理由会考得差呢？不过，同时我也有一些小小的担忧：兴许大家都在努力，我的名次也许长进不了多少，可能还在第三四十名的样子？再差一点儿，掉到50我也还能接受。

我心里想透彻了，在人散了一些的时候慢悠悠地走了过去，顺着表从上到下（名次表从第一到最后一名自上往下依次排列）开始找自己的位置。然而，一个接着一个，不是我，还不是我，我的心随着目光的下移，慢慢地恐慌起来，我感到浑身上下开始发热、发麻，耳鸣逐渐超过了周围同学讨论的声音，好像有什么东西卡在喉咙里。直到我看到“陈晨”两个字清晰地摆在纸上，那个以往总在偏上位置的简单名字，现在摆在多少名字的下面，毫不起眼……

80！为什么？我无法动弹，脑子里的这三个字炸开了：“为什么？”难道是方法不对吗？可是每一科的方法都是我认真思考过自己的问题，根据自己的特点，结合老师的建议，长期探索，发现有效而总结出来的。难道是我不够努力吗？30天里，我每天6点30分第一个到教室里拿出书本，每晚晚自习之后还坚持在教室里最后一个走掉；每一次下课我都没有用来休息，而是利用课间时间来复习和精进琐碎的知识点；有时因为太累，脑袋总在“钓鱼”，因为担心养成一犯困就倒下的习惯，我从不允许自己趴下，努力坚持着，终于到最后能保证自己白天没有一刻迷迷糊糊，晚上能睡得足够高效。我从没有像这样拼命地逼过自己，从没有像这样时刻紧绷，从没有像这样渴望过成功，我难道还不够努力吗？我的信念崩塌了，说好的努力一定会带来回报呢？说好的天道酬勤呢？我的心跌入谷底，不知道接下来该做什么，该努力吗？可是努力又有什么意义呢？

我浑浑噩噩地从座位上站起身，拖着身子一步一步地朝楼下的班主任办公室走去。推开那扇沉重的门，门里是吵闹的，同学们正围着各科老师问试卷上的问题。我挪到班主任的办公桌前，他的桌旁已经站了好些同学，我直直地朝他望过去，没有害怕，只有脆弱，张着嘴，却一个字也说不出来。他抬头，看到是我，突然郑重地说：

“陈晨，你相信我，如果你从现在到高考都像这个月一样努力的话，你的高考一定会考得很好。”

那一瞬间，我泪如雨下。

我泪眼婆娑，仍然说不出一句话，只是用力地点点头，转身离开了办公室，朝教室走去。我的脚步依然沉重，我的心依然在谷底，但是我的目标坚定—我要考上最顶尖的学校，我要让所有人知道我的强大，那么我的努力就不应改变。我把眼泪擦干，回到自己的座位上，拿出月考的一张张试卷来，错题一个个标出来，错了的地方就是还有问题的地方，有问题就需要处理，那就去想办法，现在，此刻就着手！

“努力就有回报”是真的吗？是真的，我依然相信。只是从未有人说过，努力的下一秒就有回报，付出的明天就会有收获，通往成功的路是台阶而不是斜坡，越是到了高处，越需要保持一段时间的努力，才可以上升一个阶梯。走在高三的道路上，万千军马与你共同奔跑，没有人能保证自己总在超越他人，正因如此，努力和成绩应当视为两码事、两条路：我们走在努力的道路上，持之以恒，而每一次考试得到的成绩正如一条平行线并行在我们身边，不论它是高是低，是好是坏，我们只是能看见它，却不应让它影响我们脚下的拼搏之路。我们最应该着眼的，是每一次高考前的考试使我们找出了多少错误、多少问题、多少隐患，以指引我们接下来前行的方向。

回想每次考试成绩出来时的情形，如果非常理想，我们何尝不是沾沾自喜，相当满意，看着试卷上的错误，好像也并不太明显，觉得它们只是个别而已；而当成绩远低于预期，我们总是深刻反思，痛定思痛，试卷上的红色更正笔迹个个扎眼。那么从高考的角度来看，这两种成绩，究竟哪种对6月份的最终答案更有用呢？是成绩优秀的快乐，还是成绩差劲的查漏补缺呢？没有什么比一次戳中自己所有遗漏点的考试更有用。高考前的所有战斗，都是为了消灭所有不会的知识点，强化所有已经掌握的内容。因此，学会最大化地利用每一次考试，将自己的知识漏洞补一点、再补一点，才是确保在高考时交出满意答卷的最好方式。

再接着努力，成功了

在接下来的一个月里，我仍然是那个每天早上最早到教室，每晚迎接教室瞬间灯灭的人。得知第80名成绩的那天，我一张张地翻阅自己的试卷，拿着红笔依次更正一个个错误，反思和分析各个错误的源头：哪章的知识点掌握得不牢靠？哪个方面背得还不够好？哪项能力还需要得到加强？然后拿着试卷去请教各科老师，这类题做不出、做不对应该怎么补，怎么改进？我不害怕他们批评我，不害怕他们与我讨论分数，我只害怕自己没有方向。直到所有的问题都被聚焦，我制订好针对性的复习计划，在30天的时间里，坚定地、一如既往地努力着。第80名的阴影和压力还在吗？在，它在另一条平行线上静静地看着我，可是我不再害怕它，也不羞于面对自己。

第四次月考的成绩出来了，还没来得及看，说不紧张那一定是假话。“可是没有关系，”我心想，“我知道我还会努力，我知道我还有遗漏的点，我隐约记得考试的时候还有不确定的题目，不确定等于不会，我需要努力打扎实。”边想着，我走到排名表前，目光正习惯性地准备从上往下移，却突然定住了，我的名字就白纸黑字地打印在表格的最顶上（班级第1，年级第3），一个我从未企及的高度。我眨了眨眼睛，又看了一次，确保自己没看错，没错，是我的名字，目光不用往下移了。我听到旁边有同学说：“哇，C姐（外号），厉害啦！”我竟然一时语塞，只回了“嘿嘿嘿嘿”就赶快跑回自己的座位上。我感觉自己在发光、发热，可是没有人比我更清楚，这成绩哪里是轻松快乐换来的？上升的每一分、每一个名次都是一整个月的沉痛、一整个月的压力与三个月的坚持换来的。那一瞬间，我的内心深处平静而安稳。我的信念是对的吗？是的，它从不被辜负。

可是接下来呢？下一个月的我要怎么做？沾沾自喜吗？我已经知道了答案，我从抽屉里拿出新发下来的月考试卷，拿起笔，开始仔仔细细地把每一题重新看一遍，把一个个错误画出来，把考试时有稍许犹豫的选项标出来，开始了新一轮的反思和分析。喜悦归喜悦，希望它在旁边的平行线上望着我，见证我在努力的道路上继续一步一步地向前迈进。

尾 声

最终，我如愿以偿，考上了自己想去的学校。借这个故事，我想告诉每一个正处在高三低谷、努力和成绩不匹配的小伙伴：别害怕，别难过，希望你们相信，在高考这条既困难又简单的道路上，方式正确的努力从来不会辜负我们。你在每一次困倦时洗的脸，每一道深夜时刷的题，每一笔一画抄下的字，都会深深地印刻在你的脑海里，在恰当的时机和未来，给予你充分的回报。希望你们知道和学会，努力和成绩这两条平行线，会伴随着你们的整个高中，教会你们如何在顺境中平和，在逆境中成长。

最后，希望把我的高三班主任说过的一句话送给每一个有机会看到这里的小伙伴："终有一天，回首过去，你会感激曾经如此拼尽全力的自己。"也希望把我自己说的一句话送给大家："学姐在北大（或隔壁）等你们！"

锲而不舍的努力定能让你从低谷冲向顶峰——我的高三断崖、逆袭与巅峰

18

高三的一次关键性月考，年级1000多人里我考了第18名，一个几乎可以稳上清北的名次。
我按照自己过去的方法，安排每天的复习计划。

↑

经验告诉我，只要认真做、正确做，付出努力就可以有收获。

40

第二次月考成绩出来，年级40名。我意识到：每一个人都在拼，每一个人都在进步，普通的努力已经不再能保证超越别人了。
我下定决心拼一把，挤出课间时间完成作业，精确计算每天上下课、吃饭、睡觉的时间。

↑

疲惫但自信，相信自己的方法没错，也试图做到最好。老师、同学都称我为榜样，我依旧努力，稳定心态，不骄不躁。

80

第三次月考我考了第80名，信念崩塌。我开始自我怀疑，不知道接下来该怎么做。
我的心依然在谷底，但我目标坚定——考上最顶尖的学校，让所有人知道我的强大。

↑

没什么比一次戳中自己所有遗漏点的考试更有用。高考前所有的战斗，都是为了消灭所有不会的知识点，强化所有已经掌握的内容。

3

第四次月考，班级第1、年级第3，一个我从未企及的高度。上升的每一分、每一个名次都是一整个月的沉痛、一整个月的压力和长久以来的坚持换来的。

↑

重新审视自己，开始新一轮反思和分析。

学霸阅读笔记

阅读打卡

新的收获

小 结

蛰伏是为了更好的蜕变——坠入低谷，我又如何重回顶峰

刘丝雨

高考总分：650

毕业于安徽省合肥市第八中学

就读于北京大学法学院

做勇敢的追梦人。
遭遇打击不重要，重要的是如何战胜它。

文理分科的抉择

数学是我的优势学科，可能就会有人好奇，擅长数学的我为什么会选择文科。这就不得不提到文理分科时普遍存在的一个错误观点，就是

某一门学科是优势就一定要选择那门学科所属的类别，比如有的同学的优势学科是生物，那他一定最适合学理科。我认为并不是这样的，文理科都包含三门不同的学科，高考考查的也是这三门学科的综合能力，因此在选择时还是要考虑每门学科学习的实际情况，不要仅凭一门学科优势就盲目地做出选择。当时的我数学成绩很好，但是物理、化学、生物则完全不擅长，相比之下，我认为自己的政治、历史、地理有更大的进步空间。因此，即使老师和父母都不赞成我选择文科，我仍然坚持了自己的选择。现在回想起来，还真是应该感谢当时的自己，否则我也不会如愿进入北大了吧。

北大梦萌芽

北京大学每年暑假都会面向全国举办暑期课堂，性质类似夏令营。高二暑假之前我了解到这个信息后就在北大招生网上报了名。虽说是夏令营，但还是有一定的门槛，报名的人是需要经过审核的。审核内容大概是包括成绩在内的综合素质。坦白来说，当时我并没有信心能够通过审核，因为我的成绩虽说属于前列，但并不是特别拔尖。幸运的是，审核通过了，我既兴奋又紧张，还有满心的期待，因为我即将与来自全国各地非常优秀的同龄学生共度美好假期。

到达暑期课堂的举办地点后，我们被分成几个小组，由北京大学的学长学姐带领我们在活动期间进行参观学习。在接触小组同学之前，我以为大家都是典型的“书呆子”，但是深入了解之后，我发现事实并非如此。至今我仍记得和我同住一间宿舍的广东女孩特别热爱跳舞，学习之余会自学当下流行的街舞，还有一个北京姑娘非常擅长戏剧表演……由此可见，学优生的生活也是生动而多彩的。

另外，让我觉得特别惊喜的是带领我们组的学长。他是北京大学考古文博学院的博士生，利用假期时间报名成为暑期课堂的导师。那时我的印象中，北大的学生必然是严肃认真且不苟言笑的。但是在和我们小组的导师深入交流后，我发现我大错特错。博士学长也会跟我们开玩笑，会跟我们分享他在北大学习生活的种种趣事，更能够带动我们参与集体活动。当然，学长也有严肃的时候。在提及考古相关的专业知识时，学长仿佛变了一个人，对待学术与专业，他是极其认真的，同时他也会将他所学倾囊相授，成功地引起了我们对考古的兴趣。对我来说，导师学长是亦师亦友的角色，短短十几天的相处，我受益匪浅，也发现原来北大的学生是这么的学识渊博而又生动有趣，北大人的形象在我心中瞬间鲜活了起来。

暑期课堂结束后，我向爸爸妈妈讲述了在这期间的所见所闻，同时暗暗下定决心要在高三这一年发愤图强考入北大，从高二结束时的成绩来看，我再努力一把是完全有可能考入北大的。但万万没想到，高三第一次考试我就考出了高中以来的最差成绩。

打击接踵而至

高三第一次考试的结果让我措手不及，我从来没想过我的成绩会突然差到这种地步。成绩出来后，毫无疑问，我被班主任找去谈话，父母也惊讶地询问我为何退步如此之大。实不相瞒，当时的我也不知道为什么，就从单独的学科来看，我与原本的水平相当，与高二时的成绩相比并没有太大的退步，但从年级排名来看我确实退步了很多。面对这一次退步，我并没有对自己的实力产生太大的怀疑，只是将它当作一次失误，并自我安慰下一次就会回到正常排名。然而事实并未如我所愿，在之后的几次考试中，我一次比一次考得差。面对这种落差，我感到非常无助且焦虑。尤其是历史，我发现我越来越不能理解历史的出题方式与解题思路，虽然我有认真背诵历史书中的考点，考试时对史实的掌握也没有问题，但是选择题依然错很多，错误率甚至能达到50%。当时我的解决方法是每次历史成绩出来后都找历史老师帮忙分析试卷，我会把我的思路告诉老师，由她指出我的问题所在，然后再给我讲解正确的思考方式。但令人费解的是，历史老师分析题目时我都能听懂，但每到自己做题，就又会出现各种思考方向上的错误。

除了学习，我和父母的关系在这期间也日益恶化。我知道父母对我是抱有很大期望的，他们也知道我的理想学校是北京大学。但一次又一次的成绩退步让我不知道该如何去面对他们。尤其是进入高三后，我由住校变为走读，爸爸每天辛苦工作之余还要接送我，妈妈每天晚上在我回来后还要为我煮夜宵，我觉得我的成绩不值得他们这样为我付出。但由于性格使然，我不知道该如何向他们表达我的这种心理状态，反而是冷漠地对待他们对我的种种关心。

学习的压力压得我喘不过气，对父母的愧疚心理又让我陷入无尽的自责，这一时期的我几乎处于崩溃的边缘。

守得云开见月明

就当我面对压力不知所措时，我主动找班主任进行了一次谈话，向她讲述了我这段时间的成绩变化与心理状态。面对我的求助，班主任宋老师先是安抚了我的情绪，然后非常耐心地为我分析成绩退步的原因，并给我提了一些切实可行的建议。宋老师告诉我，距离高三结束还有好几个月的时间，足够我弥补漏洞。再说，即便是高考也并非人生的终点，将来我还会遇到更多的机遇与挑战，怎么能在高考面前就宣告失败？宋老师还说，所有的任课老师都很乐意为我们解答学习上的问题，只要遇到不懂的问题都可以向他们请教，缠着他们问，直到问明白。她建议我学历史要多想多问，单纯背诵史实是不够的。

经过这次谈话，我渐渐改变了自己的心态，对考试不再纠结于分数的高低与排名的前后，更多地聚焦于每次的错误与知识点的漏洞。甚至对于高考，也不再那么患得患失，还和同学打趣说只要考上大学就可以了。对于北大，我自然是依旧向往，但不再那么执着，毕竟，梦想总是要有的，但不一定总是能实现。心态上的调整也使我的生活更加轻松愉快，面对父母我也不再那么封闭自我，开始尝试着和他们分享我最近的学习状态与内心想法。

经过高三这一年曲折的学习历程，我也总结出了一些面对成绩退步、心态恶化的改善方法：

一 穷其根源对症下药

我讲过在历史学习中我遇到的问题—书背得滚瓜烂熟，但是一做题就错误百出，起初我想要分析正确答案的思路，试图将其纳入我的思维中，但收效甚微。后来我发现重要的不是知道正确答案是什么，而是要知道我为什么错，以及与正确答案相比我该如何改正—分析错题。我意识到这一点后就开始准备自己的错题本，将平时练习与考试中的错题积累下来并时常翻看。

一道题的价值，并不在于你能够把它做对，或者做错后将错误答案更正为正确答案，而在于对错误原因或解题过程的分析。一道好题，它好在哪里？涉及哪些重点？思路有何独特之处？做错了的题目，为什么会错？在思考中遗漏了什么重点？如何避免同样错误的再次发生？这才是我们应该关注的。因此，好题与错题的积累就显得至关重要。

很多老师一直在强调错题本的整理。仅仅在试卷或教辅中更正错误答案是不够的，一方面，成套的试卷或教辅难以长时间保存，丢了之后那些错题也就找不到了；另一方面，根据我自己的情况，有些题目的错误原因或者错误的题型是一样的，利用单独的错题本，我可以把这些题目整理在一起，这样能够将我的薄弱题型分类化，更便于后续的巩固与提升。整理错题本的关键是建立一套属于自己的个性化的错题系统，通过整理错题，我们能够对自身的学习情况有一个更好的了解。

除了错题，在平时的考试、作业与自我练习中，我们一定会遇到一些思路很巧妙的好题，这些题目我们不一定会做错，但仍然有一定的整理价值，通过对这些好题的积累，我们可以拓展自己解题的思路，说不定就会在将来做题甚至是高考中遇到同类型的题目。

那么该如何整理这些题目呢？有些同学的整理方法就是机械地把题目和正确答案抄在本子上，看起来非常干净整洁，但起不到任何作用。我认为“错题＆好题”本是用来总结自身错误并积累好的思路的工具，整理方法应该服务于这一最终目的，整整齐齐地把题目和答案抄下来看着确实“赏心悦目”，但它很可能因为过于“平平无奇”而起不到警醒作用。我整理题目的宗旨是怎么引人注目怎么来，大家可以根据自己的习惯用不同颜色的水笔进行标注，这样不仅可以帮助我们缕清思路，而且能够突出重点，便于日后的学习巩固。

长时间积累题目之后，你会得到一本比课本、笔记、教辅等都更加宝贵的复习材料。在考试之前翻看过去整理的题目，可以提醒自己哪些地方容易犯错误。时间充足的情况下，还可以把积累本中的题目再做一遍。这些题目都是你长年累月、精挑细选留下的好题与错题，再次回顾这些题目比做新题更加有用。

坚持是关键。一般来说，高三的大部分时间是用来复习之前学习过的知识的，这个过程是非常漫长且煎熬的，需要同学们日复一日的坚持。高考说白了，就是看谁能够以认真的态度一直坚持复习，将那些重点知识通过练习进行一遍又一遍的巩固。

二 凡事平常心

以平常心对待高考。我曾畏惧高考，觉得高考失败就意味着我未来几十年人生的失败，这种想法是非常极端的。高考其实也不过就是场考试，它是重要的，但也不能够完全决定我们之后的命运，人生处处是机遇，高考也只是众多机遇中的一个罢了，我们要做的就是利用高中三年的学习好好把握住这个机会。

交流是缓减压力的有效途径。很多同学感到焦虑时不愿意向他人倾诉自己的想法，我曾经也是这样。但这实际上会形成一个恶性循环，负面情绪的堆积只会越来越多，最终甚至会侵害我们的心理健康。因此，同学们一定要学会倾诉，对象可以是老师、朋友或者父母，有些问题自己一个人承担反而会钻牛角尖，不如将它说出来，向他人寻求帮助，解开自己心中的结。

每个人的高三都是特别的，希望我的经历对各位同学能够有所启迪，相信你们通过自己的努力最终都能够在高考中表现出色。学姐在北大等你们！

蛰伏是为了更好的蜕变——坠入低谷，我又如何重回顶峰

文理分科的抉择

文理科都各包含三门不同的学科，高考考查的是这三门学科的综合能力，选择时还是要考虑每门学科的实际情况，不能仅凭一门优势就盲目选择。

↓

文

北大梦萌芽

- 之前以为大家都是典型的“书呆子”，后来发现学优生的生活也是生动多彩的。
- 导师学长：亦师亦友，北大人的形象瞬间鲜活了起来。
- 下定决心要考入北大，并为之努力。

打击接踵而至

- 高三第一次考试结果让我措手不及，从没想过我的成绩会差到如此地步。
- 老师分析题目时都能听懂，但每到自己做题，就又会出现各种思考方向上的错误。

↑

学习上的压力+对父母的愧疚

↓

崩溃的边缘

守得云开见月明

不知所措时老师给了我建议

重点分析问题来源，对症下药

- 学习方法——整理错题本
- 生活态度——交流是减缓压力的有效途径

以平常心对待高考

学霸阅读笔记

阅读打卡

新的收获

小 结

音标都不会的我，高考英语竟然逆袭到140分

陈柱玲

高考总分：677　英语：140

毕业于云南省会泽县茚旺高级中学

就读于北京大学中国语言文学系

人的心中应该有种信念：丑小鸭有蜕变成白天鹅的一天，小毛毛虫有破茧成蝶的一天。只要肯努力，铁杵也能磨成针。

由于异地高考的限制，从初中开始，我便离开了父母回到老家学习。开始，我的成绩还不错，总能保持在班级前几名，但一进入高中，我就完全跟不上了。从老师眼中的一个优秀学生陡然变成了角落里的丑小鸭，成绩后退到全班第50名左右。从那时起我开始厌学，课堂上昏昏欲睡，课堂外毫无动力，高一下学期我甚至给爸爸打电话说想要退学……两年后，我

却最终以677分的成绩考入北大中文系。究竟是怎样的蜕变使我成为今天的自己呢?

英语虐我千百遍

高一上学期的英语，成了我学习的所有学科中最痛苦的一科。我甚至都不会读音标，这给我的单词记忆造成了极大的障碍。每周一、三、五的早读是英语单词背诵时间，30分钟背诵10个单词，对其他同学来说轻而易举，而我却根本完成不了，于是每次听写也都过不了，第二天还得到老师办公室重新听写。我始终记得，每每得知周三的英语早读要听写单词后，周二晚上我都会躲在被子里打电筒背单词，跟我一起的，还有我的上铺。然而夜晚奋战和早晨30分钟的早读也没能拯救我，听写10个单词我只写对了两个。老师要求写错两个以上的人中午到她的办公室重新听写，于是我又和“老战友”们出发去老师办公室。一路上我低着头，恨不得隐形，好让别人认不出我，我们一个个缩在门口像等待受刑的鸭子，我们相互推搡着，都不愿意去推开教研室的门。最后，我不得已推开门，探出脑袋，小心翼翼地问张老师在吗，所有老师都抬起头看着我，其中一个瘦瘦的女老师回复我不在，问我们有什么事，我憋足一口气说听写，那一瞬间我感觉我的脸火辣辣地疼。听说不在，我们瞬间松了一口气，但又马上提心吊胆起来，这意味着我们要在门口等她，要接受来往同学质疑的目光和困惑的表情。虽然事情已经过去很久了，但那种耻辱感我却从来没忘，这种耻辱感就来自记不住单词。

单词是基础，而基础之上的阅读、改错、完形填空和作文对我来说更是天方夜谭。英语我考60分，同桌却能考130分，实在是极大地拉开了我们之间成绩的差距，也使我的自尊心受到了极大的打击。

迷茫中如何寻找出路

所谓熟能生巧，如果你不知道怎么办，就投入时间吧，在做题的过程中你会发现属于自己的技巧，这种技巧有的有共性，有的只适合你自己，下面我就介绍一下我在做题过程中摸索出的方法。

单词。如何从单词抓起呢？首先就是单词的读音。音标我记得不太清楚，但如果记得读音，就会很好地记住它们的组成字母，所以我把目标转移到它们的读音上。每次老师领读的时候我都会非常注意记住它们的读音，课下如果忘记了，我便用MP3播放单词录音来记住它们正确的读音。第一次也许费劲，但慢慢地就轻车熟路了，听写不再费劲了，到高二的时候，我甚至主动担任英语单词听写小组长，小组长的任务就是早读结束后念单词给同学们听写。担任小组长后，我的角色从学生转变为教学辅助，我的责任感便多了一分，这又促使我更加积极主动地学好单词，读准音标。

听力。听力题满分是30分，占了高考英语总分的五分之一，因此，听力训练十分必要。听力语感的养成是一个长期的过程，从高一开始，学校每天都会统一播放一轮听力，训练我们做题。一套听力题我习惯听三遍。第一遍先做题，做完后对答案，根据答案详解看错题；接着播放第二遍（录音），这一遍对着原文看，听出每一个单词和句子；晚上睡前再播放一遍今天的听力题，加深印象。这样的重复，高一时是每周两次，到高三就是每日一次，功夫不负有心人，我的高考英语听力取得了满分成绩。在这样的转变中，最重要的就是对自己高要求。《孙子兵法》言："求其上，得其中；求其中，得其下；求其下，必败。"如果你的目标是100分，那你能达到80分；如果你的目标是80分，那你只能达到60分。给自己定一个远一点的目标，就是胜利的开始。有了目标，就要坚持，每天都给自己一个任务单，每完成一项就在后面打个钩，这样一天天下来你会非常有成就感。

完形填空和阅读。完形填空和阅读是高考英语的重头戏。对基础薄弱的我来说，起步很缓慢。一开始我给自己定的目标是每天独立完成半篇完形填空，很快我就发现一个问题：大部分句子我都读不懂，这使我在做题时总是依赖答案原文，做了几篇后收效甚微。第二周，我痛下决心要硬着头皮上，即便是猜也要写出答案，最后再对答案，这样，我渐渐感到了能力的提升，在没有答案的情况下做题能逼迫自己回忆每个词，自然印象更深刻。除此之外，我还有一个单词本，只要遇到不会的单词就记下来，一天内反复记忆，以提高词汇量。关于完形填空，要注意前后的照应，要非常注意细节，例如下面这题：

What do I remember about my childhood? There were good things and bad things. We used to live______, and my parents always got up early in the morning to feed the cows and sheep.

A. in a town　　　　B. on a farm

C. on a busy street　　　　D. in a city

题目中居住的地方无论是城镇、农场、繁华街道还是城市都可以作为合理选项，但根据后文“feed the cows and sheep”可知题目中的一家人居住的地方是农场，这就是完形填空的前后照应，有时候前几个空的照应甚至要到段落末尾才找得到，这也在考验一个人的耐心、细心，耐心、细心在成功的路上必不可少。

作文。英语作文的提升需要从书写笔迹、高级词汇、句子成分等方面入手。阅卷老师在很短的时间内需要批阅那么多篇文章，一篇字迹清秀的文章自然首先就能博得阅卷老师的好感。为了使字迹更加清秀，字帖必不可少，每日坚持临摹一帖是个好办法，但在考场上，英语书写中每一笔的用心、稳重才是重点，即使你英文写得不是特别漂亮，但认认真真、一笔一画的笔迹也能让阅卷老师感受到你满满的诚意。词汇方面，多积累一些高级词汇，替换掉平时经常见到的简单词汇，这个功夫要下在平时，同样可以将积累的高级词汇记在单词本上，一定能有事半功倍的效果。英语写作的句子成分也需要注意，能用从句的就不用简单句，能以动词引领句子就以动词开头，大多数时候，我都会预先准备句式，例如背诵模板“As we all know that...”“It is known to all that...”等。说到这儿，我想到一件有趣的事：在高三后期，我所在的班级形成两类风格，下晚自习后全班静悄悄做作业，没有人先走，这都是自愿的；同时课间是一种嘻哈风格，大家开玩笑以缓解学业压力，也会打开录音机播放李荣浩的歌曲，那时李荣浩的《不将就》正流行，班上嗓门最大的哥们儿正在背句式，他跟着旋律唱出了一句英语作文模板，全班当即发出了爆笑声，他甚至没反应过来发生了什么，就被大家集体“嘲笑”了，可见英语句式一定在他脑袋里萦绕，久久不散。那晚的灯光、黑板、音乐、窗外的月光和同学们的笑声都成了我鲜明的高中记忆。

考试。在高考考场上，时间紧迫，分秒必争，答题策略显得尤其重要。可以先做阅读题（据自己情况而定），要注意完形填空的时间，以20分钟为宜，如果超时了，就加快速度，倘若到半小时后还没完成就放弃剩余的题目。在做完形填空时，首先阅读文章第一段，了解文章主题，类似文章做多了，就会掌握相关主题一般的论述点。第一段阅读完后开始做题，有拿不准的题先空着，文章后面可能会有提示。阅读题做到第四篇时看情况，后面还有排序题、改错题，如果时间紧迫就先写作文。选择题还可能猜对，作文必须是要花时间写的。

困境带来的还有成长

我的少年时期基本在学校度过，对于学生来说，分数是至关重要的。学习成绩不理想时，我甚至总疑心别人看不起我，有时候自己也看不起自己。好在后来我想明白了，正如王小波所说的，“人的一切痛苦，本质上都是对自己的无能的愤怒”，我为什么无能呢？是智商低下吗？不是，那是什么呢？是我不够努力。我暗自下定决心，既然选择了远方，便只顾风雨兼程，我的努力能否收到预期的结果已没有那么重要，只要努力了就问心无愧，求的是自己心安理得。这样一想，我便轻松了许多。从自卑到自信，我的人生观的转变是随着成绩的提高而完成的，我想，高考不仅仅是一次考试，更是在训练你的耐心、细心和吃苦的能力。如何才能在紧张的考试中不犯“三乘三等于六”的低级错误？如何才能多记住一条论据，多拿两分，使得名次上升？如何才能对考试题型信手拈来？这些问题能帮助我成为一个更完善的人，一个更有耐心和毅力的人。

音标都不会的我，高考英语竟然逆袭到140分

- **英语虐我千百遍**
  - 不会读音标——单词记忆上的大障碍
  - 单词记不住——重新听写的耻辱感
  - 单词是基础——基础不牢固，万事都是天方夜谭
  - 和他人的差距——对自尊心的打击
- **迷茫中如何寻找出路**
  - 单词
    - 熟记读音→记住组成字母
    - 课上听老师领读，课下听MP3录音
  - 听力
    - 一套听力听三遍
      - 第一遍：先做题，后对答案，看错题详解
      - 第二遍：对照原文，听出每一个单词、句子
      - 第三遍：睡前加深印象
    - 语感养成是长期过程，对自己高要求，定远目标，坚持完成每日任务
  - 完形&阅读
    - 每天定量完成
    - 通过单词本积累词汇量
    - 前后照应，注意细节
  - 作文
    - 书写笔迹
    - 积累高级词汇+背诵句式模板
  - 考试答题策略
    - 先做完形和阅读
    - 完形适宜时间20分钟
    - 根据时间调整后三道大题答题顺序
    - ↑ 视自身情况调整答题策略
- **困境带来的还有成长**——高考不仅是一次考试，更是对耐心、细心和吃苦能力的训练，促使我成为一个更有耐心和毅力的人

学霸阅读笔记

阅读打卡

新的收获

小　结

踏实勤奋，反思优化
——我的高中崛起之道

喻圣豪

高考总分：**648**

毕业于江西省南昌市新建区第二中学

就读于北京大学元培学院

一个在奋斗途径上努力的人，会有迷茫，但醒悟过后一定能更加明确与坚定：自己正在做的和自己想要的。我的学习轨迹就是如此！

浑浑噩噩 → 幡然醒悟 → 文理选择 → 累并快乐着 → 北大梦园

大家好，我是就读于北京大学元培学院政治、经济与哲学方向的喻圣豪，目前大三，主攻经济学理论，同时参加了北京大学第一届社会科学基础实验班—严复班，获得过校三好学生等荣誉称号。非常荣幸能和你们分享自己高中时期的学习经验和方法，希望作为一个过来人，通过回顾自己高中的学习经历，能带给大家一些启发。

幡然醒悟

从小以来，老师就说我是个踏实勤奋的好孩子，在旁人的引导下，我心中也就逐渐产生了一个清北梦。然而这个梦正如雨后的彩虹，也像深夜的昙花，在一段的绚烂后再也难寻踪影。在各种因素的影响下，我渐渐忘却了曾有的梦想，变得精明而懒惰，不再像以前那般勤奋踏实了。

小学五六年级因为贪玩成绩下滑的我，侥幸通过选拔进入了本地重点高中的直升班，所以我就想当然地认为中考升入这所重点高中也没有问题，从此便更加松散怠惰。我常常抱着侥幸心理，趁父母不在家偷偷玩电脑。为了不被发现我对父母的脚步声有着极其敏锐的感知，也逐渐形成了编谎话不露马脚的“能力”。家里玩不到的时候就跑去学校教室偷偷玩，有一次和几个朋友一起在玩，大家进进出出地就忘了关门，结果被老师抓个正着。每个周末我还会和好朋友一起疯玩，走遍城区各处。至于作业，我常常敷衍了事，课外学习之类的就更别提了，对待学习比小学还要不认真，学习成绩自然下滑严重而且常常摇摆不定。

这样浑浑噩噩的日子一直持续到初三的某一天，老师突然神秘兮兮地叫了十来个同学去办公室商量某些事情，后来我多方打听，才知道原来是觉得他们有考上清华北大的潜力，帮助他们做高中三年的学习规划，听到这个消息我惊讶于自己不在名单之列。也是，初二、初三的成绩自然也难以让我进入老师的视野，我开始渐渐醒悟过来，暗下决心要让他们后悔当时的选择，心中的清北梦也逐渐复苏了。

有时候自己的定位认知确实对学习会产生潜移默化的影响，以前我没有什么目标，整日浑浑噩噩地学习，成绩当然不怎么样。也希望大家能够早日制定适合自己的目标，然后朝着它努力。当然也要早一点认识到自己不能继续得过且过地生活，要为了自己的幸福人生努力奋斗。

另择殊途

上了高中，原来一个年级100人不到变成了一个年级上千人，加上课业难度的增加以及周围人对高考竞争激烈程度的强调，我也更加紧张起来，经常后悔自己初中没有好好努力，开始重拾以前的脚踏实地的学习态度，认真对待老师布置的作业，充分运用课后时间学习。

然而，也许是班上的大神太过于聪明，也许是他们不仅有扎实的基础同时从不停止努力，我始终突破不了前几名的瓶颈，也渐渐地开始怀疑自己曾经的梦想是否还有实现的可能。

终于眼前出现了一个机会，在高一上学期快结束的时候老师开始酝酿文理分班的事情。当时我的兴趣主要集中在理科上，然而从几年前开始，我们学校的理科都考得不太理想，文科却喜报连连。在这样的背景下学校逐渐有了劝尖子班学生读文科的趋势。我之前也只是略有耳闻，但某一天几个老师像约定好了似的，对我进行高强度的劝说，一波又一波的劝说让我难以反驳，还说我有考上北大的潜力，这点让我颇为心动。确实，我也感觉到自己部分理科的思维能力和视野比班上有些同学差了不少。那几天我静下心来，经过再三的斟酌与对比，虽然自己对理科的兴趣更为浓厚，但同时觉得文科也是颇有意思的，而且就从实际出发，读文科进入清北的机会要比读理科大得多，所以最终我还是选择了文科，也算是抓住了一个难得的好机会吧。

进入文科小班以后，我也日益受到老师的关注，越来越向往着自己能考上清华北大，学习也更加认真踏实起来。高二上学期的时候，老师让我和几个文科同学一起与我们这届的理科生学习数学竞赛，这些理科班的同学几乎比我们早了一年开始学习，所以压力山大，和我一起的一些文科同学有的后来退出了，有的偷工减料应付老师的任务，而我在这方面却饶有兴味。接触一段时间后我发现他们几乎都比我在数学竞赛上有天赋，为了缩小和他们的差距，我只能让自己比他们更加踏实和努力，甚至中午放学了也不回家留在学校做题。回头看看当时一个月只放半天假可能比高三放假还少的日子，非常感慨当时的踏实和努力，最后我也成功挤进了中上水平的成绩梯队中。

后来我也延续了这种几乎不放假的学习模式，放假的时候在家里很容易分心，效率很低，我就往往会去学校自习。即使学校在假期并不开门，我也会和几个小伙伴翻墙进去，当然我有教学楼的钥匙，也会和保安斗智斗勇，现在看来还别有一番乐趣。也许我的经历比较特殊，但还是很留恋那个时候非常专注认真的自己，也非常感谢参加竞赛让我能更加专注和踏实。

苦中作乐

因为高二花了很多精力在竞赛上的缘故，平常的学业确实落下了不少，进入高三以后，我在很多方面都面临着前所未有的挑战。

高三，我又碰到了一个很强的对手。他真的非常聪明、学习效率很高，我觉得我学习的时间比他要多，以前成绩也比他好，为什么他比以前努力了之后就能一下子超过我了呢？我心里很不是滋味，有时候问他一些问题他总是不认真回答，让我有时会感到不满。我一直难以超越他，久而久之，我也从一开始的失落渐渐释然了。此外，在高三我的成绩很不稳定，有时候能考年级第二，有时候就只能考年级第二十名。一开始我也是患得患失，担心自己最后不能发挥得很好，但后来也慢慢调整过来了，算是采取了底线思维的做法吧，并不是每次都一定要考得多好，而是希望自己能够发现自己的问题。至于考上什么大学，能上一个比较好的985学校保底就可以了。但是这并不等于自我懈怠，我还是在争取，尽自己最大努力，只希望在这过程中不要留有遗憾、不会后悔，至于结果如何，我就抱着一种随遇而安的态度了。

高三我还陷入了语文总考不好的困境。其中一次考试，语文成绩竟然比上一次下降了整整45分，从语文单科成绩年级第一直接下降到不及格，我经常以此自嘲。而循环往复的高三语文学习，让越发重视效率的我非常无语……这所产生的结果直接作用到了我的成绩上，我逐渐明白自己是无法与这些现状相抗衡的，不尝试着适应和接受它们最终吃亏的还是自己。

高三确实过得十分辛苦，但是我尝试着寻找一些乐趣，苦中作乐调节自己：在做题中发现了很多自己以前忽略的地方，为自己学到了新知识而开心；我还经常拿着做错的文综题目蒙着答案让同学和老师答，答对了就惊讶求教一番，同学答错了我就戏谑一番……在学习过程中我也体会到了一些学科独特的美，学习兴趣并没有因为重复过多而减弱。老师也难得地把一个晚上空出来让我们举办一些自己组织的活动。

那时，我还提倡在班里选一些各门学科上最厉害的同学组成一个小组，当然如果有一个同学同时很擅长多门学科可以轮着挑一门，大家写一写自己独到的心得体会或者分享珍藏的易错题集，打印出来分享给全班同学，我们每个人的收获都很大，老师也不时给我们提供一些宝贵意见。

这个时候我更加学会了如何优化和反思自己的学习方法和规划。根据老师的复习进度和各次考试反映出来的若干问题，不断调整自己的复习计划。同时也不断调整自己每天的作息时间，每天在早上去学校的路上都会把一天的任务大致规划好，一般我会在最累的第二节晚自习去找老师问问题，放松一下自己紧绷的神经，在课间的时候和同学讨论问题或者做一些能在课间完成、对答案并纠错的小题等。

还有一点是研究高考题，文综有一些题目和答案有一定的延续性，我前后把十年来的高考题平均做了三到四遍，每一次间隔几个月再做一次的时候，往往都能够有新的收获，甚至能很有成就感地发现并总结出一点点规律，也并不会觉得枯燥。

小 结

回顾自己的高中时光，有以下几点我很想分享给大家。首先，要有一个清晰坚定的目标，这样在学习过程中遇到困难的时候也会更容易克服，不会轻易迷失方向。其次，还要在学习中找到一些乐趣，自己找不到的话可以在与同学和老师的交谈中尝试着找到，这样在长时间学习的过程中也不会太枯燥，也会引导着你做一些更深的思考和更广泛的涉猎。再次，还要尽量避免外来诱惑，提高自制力，学习时尽量选择一个能让自己安心学习的环境，这样在学习的过程中也不会分心，学习的持续时间也会更长；当然过一段时间还是要放松一下，也当是奖励一下自己吧，但建议不要选择玩游戏这样比较容易上瘾的放松方式，我一般都是一个月和好朋友吃顿美食或者看场电影。最后，还要保持一种积极向上而又看淡结果的良好心态，考试前要多注意休息等。

在备考北大的过程中，我一直觉得自己并不比别人聪明，自己也没有什么特别高效和普适的学习方法，而且我始终认为大多数人学习不好主要是因为学习投入不足而不是学习方法不对，端正的学习态度和大量投入才是学好的前提。在此基础上，在反思自我和借鉴他人中改进自己的学习方法，坚持初心，坦然面对学习中的坎坷，要坚信自己的努力不会白费！

踏实勤奋，反思优化——我的高中崛起之道

- **幡然醒悟**
  - 浑浑噩噩，懒惰敷衍，成绩下滑
  - 初三受到打击，清北梦复苏
  - ↑ 要树立一个清晰坚定、适合自己的目标！
- **另择殊途**
  - 课业难度增加，突破不了瓶颈→怀疑自己
  - 抓住文理分班的机会→从实际出发
  - 进入文科班后更加认真踏实→不放假的学习模式
  - ↑ 选择能够安心学习的环境，避免外界诱惑，提高自制力！
- **苦中作乐**
  - **心境**
    - 强劲对手，一直难以超越→从失落到释然
    - 成绩不稳定，患得患失→采取底线思维，慢慢调整
    - 尽最大努力，过程不留遗憾，对结果随遇而安
    - ↑ 保持积极向上且看淡结果的良好心态，考前多注意休息
  - **乐趣**
    - 使我明白：尝试适应环境，不与无法改变的现状抗衡 ↓
    - 高三语文成绩一降再降，负面情绪直接作用我的成绩
    - 为学到新知识或看到曾忽略的地方而开心
    - 小组学习：分享错题集、心得体会，共同进步
    - ↑ 在学习中找到乐趣，尝试和老师、同学交谈，从而不感到枯燥，做更深层次的思考
  - **规划**
    - 根据实际问题适时调整复习计划和作息
    - 研究高考题

学霸阅读笔记

阅读打卡

新的收获

小 结

我用一年的时间逆袭上北大

白思雨

高考总分：**652**

毕业于陕西省商洛中学

就读于北京大学国际关系学院

一次失败不代表永远失败。

逆境虽然让人痛苦，但经受挫折失败，可以增加人生的“财富”，磨难也是磨炼。

鲜红的成绩单，刺痛了我的双眼

从小我就不属于传统意义上的好学生，性格说好听点儿就是比较活泼，说直白点儿就是很爱玩。高中那会儿，我总是自认为脑子反应比较快，所以在学习这方面一直得过且过，对于老师的一些劝告也是不以为然。课堂上思想总是“神游万里”，作业能逃避就逃避。我一直为自己的“小聪明”沾沾自喜，成绩虽然不差，但离考上名校的水平还有很大差距。

经过高三刚开学的那场模拟考试，我才真正醒悟过来。那次模拟考试的目的是为了摸清楚同学们两年以来的学习情况，让在高三的复习能够更有针对性。

所有种下的因都会有结果。果不其然，两年以来的放纵在这次考试中带给我的是血的教训—全班50多名同学，我考了第47名。当同学们热火朝天地讨论这次考试的题目时，我坐在座位上，看着成绩单，只想找个地缝钻进去。那鲜红的分数，深深地刺痛了我的双眼。

那天晚上，我一个人坐在学校走廊里，想了很多，很多……

首先，我反思了自己在高中前两年的所作所为，深刻地意识到今天的一切都是我应得的，怪不了别人，只能从自己身上寻找原因。所有的痛苦和悔恨，只能自己去承受。

然后，我问自己，你的目标是什么？你甘心去上一个二三流大学，毕业之后浑浑噩噩吗？你不想进入顶尖名校，给自己谋一个更好的未来吗？世界上最伤心的事情，不是“我不能”，而是“我本可以”。我一直都希望能够进入名牌大学，发掘自己的潜力。于是，我在心里定下了一定要进入名校的目标。

最后，我告诉自己，为了实现目标，我别无选择，只能背水一战，奋力拼搏。距高考已剩不到一年的时间，其实我心里也没底，不知道这一年的时间里我可以进步多少。但我没有退路，也没有犹豫的余地，只能咬紧牙关走下去。

一年中无数的汗水泪水，都是我努力过的痕迹

这一年的时光，是苦涩的，也是甜蜜的。苦涩是因为学习的辛苦，心里的负担，以及对未来的迷茫。而甜蜜是因为在这段一心只为了成绩而奋斗的日子里，心中承载着未来的目标，单纯而幸福。

很多同学都会问我，到底怎么做才能在一年的时间内，从成绩倒数进步至全班前几名，最后进入北京大学？

一 精确分析自己的问题，找到自己的不足，做到有的放矢

当我们面对着考得很差的成绩单时，不要沉湎于过去的失败，而是要去反思自己到底哪里出现了问题。具体来说，是哪一门或者哪几门学科出现了问题？而在这一门或几门学科中，是哪些知识点没有掌握？

我浏览了一遍自己的试卷后，带着试卷去找了每一科的老师。我鼓励每个同学都这样做，也许你会觉得难堪或是感到不好意思，也许你担心老师会批评你。但老师拥有多年的教学经验，能够一眼就发现你的问题所在，给你更有针对性的建议。即使老师批评你，那也是为了你的未来着想。各科老师在看过我的试卷之后，都耐心地指出了我存在的问题。让我很感动的是，地理老师还问我："是不是最近压力太大了？上高三还习惯吗？如果不习惯可以多来交流。"

在经历了自我反思和请教老师之后，我心里大概清楚了自己的问题所在，也更明确了之后努力的方向。正如苏格拉底所说的，"认识你自己"。知己知彼，才能百战不殆。

二 努力或许是老生常谈，但它是经久不衰的真理

从小到大，我们听过无数的人告诉我们要勤奋努力，这已经成为了

老生常谈。进入北大之后，我更加明白了努力的意义。北大云集了全国各省份顶尖的学生，我们从小认为的“优秀”在这里根本不值一提，因为“大神”太多了。而经过和他们的接触，我发现能够进入北大的同学，他们身上的共性是天分+努力+一点点的运气。其中，运气占比最少，且是我们无法左右的。天分，除了极其个别的天才，包括我在内的大多数都是普通人，并没有什么太大差别。而我们唯一可以去控制的变量，就是努力。其实，以大多数人的努力程度之低，根本轮不到拼天赋。

因为高中前两年的不努力，我已经和同学们产生了很大的差距。为了弥补自己之前落下的功课，我下了很大的功夫。

当时我早上6点多就起床，晚自习下课后还要自己学习到深夜，每天只睡四五个小时。上课遇到听不懂的内容我就记下来，课后去请教老师和同学。下课也没有玩耍的时间，我会准时出现在各科老师的办公室，带着各种问题“骚扰”他们。连中午吃饭的时间我都不放过，因为食堂打饭总是要排队，我觉得时间太长，耽误学习，所以买了泡面，一边吃一边看书。有一天吃饭的时候突然觉得身体不适，去了医院，医生说我因长期饮食不健康而得了慢性肠胃炎……经过了好几个月这样“自虐”一般的努力，我的成绩渐渐有了起色，从成绩倒数进步到前30名、前20名……看到自己的努力有了回报，我发自内心地感到高兴。

说这些，不是希望大家像我一样“自虐”，这样会给自己的身心带来很大的压力；而是希望大家早早就能够意识到努力的重要性，不要像我一样醒悟得太迟。如果从高一就开始全力以赴，肯定能够顺利地考出高分，而不用走我这样的弯路。同时，我想告诉大家，你付出的每一分努力都不会辜负你，你一定会在之后的日子里看到自己一点一滴努力的成果。

三 总结自己的学习方法，科学高效学习

世界上没有两片完全相同的叶子，也没有两个完全一样的人。每个同学都有自己的特长和不一样的学习情况，也有自己的习惯，所以适合

每个人的学习方法都是不一样的。我们要在认清自己的基础上，汲取别人的经验，总结出自己独到的学习方法，从而使自己更加科学高效地学习。

以数字为例，与大家分享我在数学方面的学习方法和心得。

数学一直是一门令我很头疼的学科，总是不能达到班级的平均分，每次考试都会错很多题。但我最终高考成绩数学这一科是148分，离满分只差两分。对于提高自己的数学成绩，我认为以下几点特别重要。

首先，一定要把握好课堂时间，这是最核心也是最重要的部分。很多同学上课的时候总是喜欢做自己的事情，自以为走了捷径，殊不知这其实是本末倒置。因为老师会在课堂上讲很多定理和题目的精华部分，如果你没有把握好这些，课后想通过自学去掌握是非常困难的。所以课堂上一定要跟随老师的思路，绝对会受益匪浅。

其次，脚踏实地，打好基础，切忌眼高手低，粗心大意。在面对数学时，大家往往会陷入一种怪圈，我也不例外—总是花费很多时间攻克难题、偏题，而对最简单的题目，往往不屑一顾。但其实，根据我对高考试题的分析，如果能够把所有的基础题、简单题做对，至少能得135分。高考是一个有梯度的考试，难题只占了很小一部分。当然我不是说难题不重要，而是想告诉大家不能忽略基础。即使是难题，也是由多个简单的原理叠加在一起组成的。如果忽略基础，那么在考试时就会犯很多低级的错误，这样的丢分是很可惜的，也是完全可以避免的。

最后，数学一定要刷题。除了刷题，还要学会总结错题。高考除了考查你对知识的掌握情况，也会考查你对知识运用的熟练程度。在一个限时的考试中，为了取得高分，平时练习是必不可少的。强调刷题，并不是让大家发展“题海战术”，而是要学会聪明地刷题。做完题目之后，要及时地总结错题，避免之后再犯类似的错误。我会将错题按照知识点分类，比如“圆锥曲线”“三角函数”等。同时，一道题目我会尽可能多地总结做题方法和思路，用不同颜色的笔标注出来，这样在后期复习时更加一目了然。

四 及时调整心态，积极乐观应对

“世之奇伟、瑰怪，非常之观，常在于险远，而人之所罕至焉，故非有志者不能至也。”这是《游褒禅山记》中的一段话，我至今都非常喜欢。意思是，能够登到顶峰领略世间风光的人往往是非常少的，只有真正有毅力、有志向的人才能抵达。

也许很多同学羞于说出自己内心的目标，就连当时的我也不例外。设想，如果告诉别人自己的目标在清北，心里总会有担忧，若没达到怎么办？会不会被别人嘲笑说自命不凡？但在这里，我想告诉同学们：“尽吾志也而不能至者，可以无悔矣，其孰能讥之乎？”不要那么在乎周围人的看法，你的未来是由自己创造的。我们要有面对他人不理解和嘲笑时泰然处之的心境。况且，只要你在正确的方向上持之以恒，命运会给你最好的安排。

高中时期的心态是非常重要的。时间的紧张、同学之间的竞争、高考的压力，无形中带给我们很多的负担。这时候，我们一定要与家人、朋友、老师多沟通，要劳逸结合。模拟考试中出现的成绩起伏都是很正常的，不要因为一次发挥失利而否认自己，自暴自弃。良好的心态，是我们成功的保障。

终于圆梦北大，这些话我想对你说

经历了上文所述的跌倒、爬起、努力的过程后，每次考试我都会有所进步，最终在高考中取得了理想的成绩，成功考入北京大学。在进入大学之后，我见到了一个更广阔的世界。

我想告诉大家，学习的意义、考试的目的之一在于让你进入一个更好的平台，它是你人生中很重要的一个部分，但绝对不是你奋斗的终点。在名校的平台上，你可以接触全国各地的优秀同学，也可以与各个领域知名的教授学者交流，你将会有更多选择的机会，也会有更多实现梦想的途径。

“有志者，事竟成，破釜沉舟，百二秦关终属楚；苦心人，天不负，卧薪尝胆，三千越甲可吞吴。”只要从现在做起，没有什么不可能。我衷心地祝愿大家都能圆梦名校，取得成功！

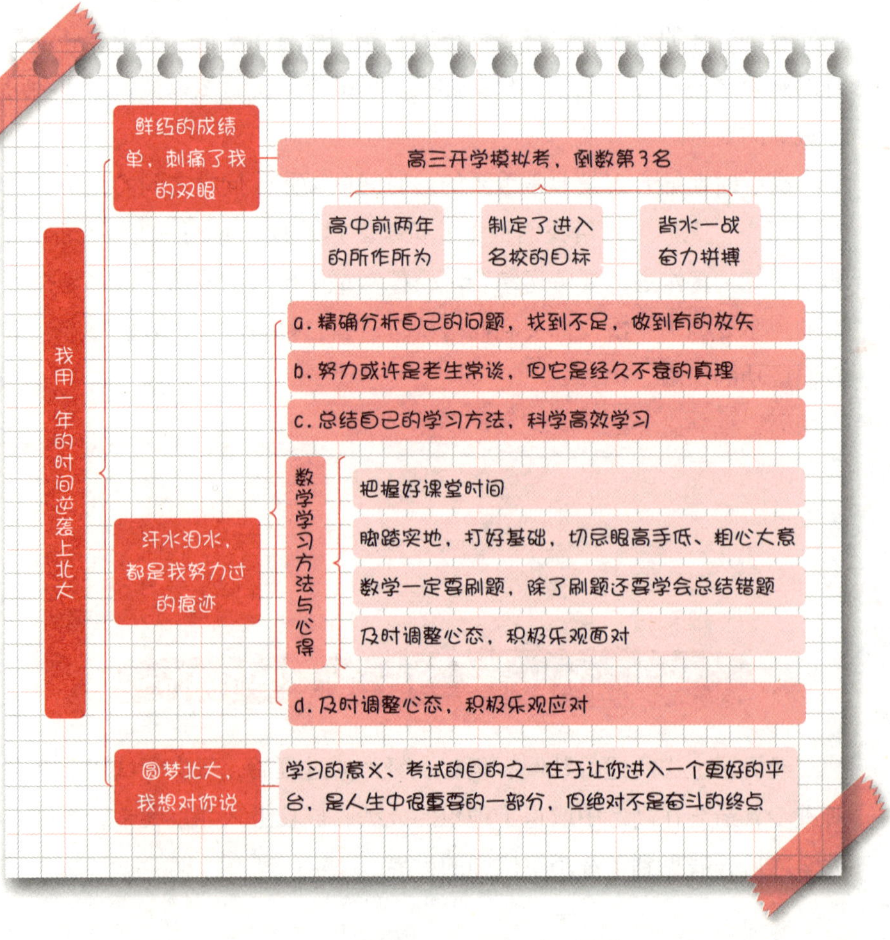

学霸阅读笔记

阅读打卡

新的收获

小 结

02

学习效率篇

现代管理学之父
彼得·杜拉克曾经说过
时间是
世界上最稀缺的资源
除非善加管理
否则一事无成
想要掌握自己的人生
先掌握自己的时间
做时间的主人
有计划地去完成每一件事情

把握时间，才能把握未来

蒋馨雨

高考总分：**644**

毕业于新疆石河子第一中学

就读于北京大学历史学系

高三不仅仅是升学道路上关键的一年，也是从稚嫩迈向成熟的重要一年。

从稚嫩迈向成熟，就是要学会摆脱原本的他律，走向真正的自律，进而在自律的推动下去追寻自己的目标与梦想；而能够掌握自己的时间是自律最基本的要求。

在中学阶段，常常听到老师和家长说的一句话是：“这是你的关键时期啊！”虽然我们也常常开玩笑说“每一个时期都能被看作关键时期”，但是我自己也能够清晰地感受到，无论是从初中迈入高中，还是从高二进入高三，每一个转折时期，都是一场知识量与学习效率的赛跑。我从小在学业上就保持着优异的成绩，很多时候也并不会觉得有很大的学习压力，时而也会对学校所教的内容感到“吃不饱”，但是我不得不承认，高三的这个转折点是至关重要的，逼迫我走出了曾经的舒适圈，做出了一系列的改变。在我看来，正是我在高三刚开始时，学会了对时间的自我规划，才赢得了这一年的学习效率的提升，才能让我在日益紧张的学习日程中把握自己的节奏，从容不迫地应对所有的挑战。

被时间开始轰炸，我逃避了

当然，所有的事情并不是一开始就完美的。从高二结束的暑假到高三开学的初期，我也经历了漫长的挣扎。一摞摞一轮轮复习资料摆满了桌头，一沓沓白花花的试卷更是让我看得头晕眼花。无论是老师还是父母，对我的嘱咐和关注都呈现出爆炸式的增长，网络上各式各样学长学姐的经验分享也成了父母催促我去了解和关注的绝大部分。一时间，我感觉无数双手在推着我前行，并且试图帮助我更好地规划我的学习时间、完善我的学习方法。在这样的信息轰炸面前，我选择了终日埋头于各式各样的资料中—这似乎像是一种逃避。那时的我单纯地认为，高三也许并没有什么特别的，只要我愿意努力，时间总是够用的，该学的总是能学完的。过去两年的“懒散”状态，显然无法让初入高三的我有更多的警惕。

然而我错了。当六门学科同时翻回到最初开始学习时的第一页时，自以为牢牢掌握的基础知识一时间变得如此模糊与陌生，而老师对知识掌握的深度与精度的要求却一天比一天高。我刚刚拿起单词书，心里却忍不住想还没做完的数学题；勉勉强强地背了一遍历史的基础知识，却发现还有大把的政治概念没有好好了解；原本写得十分流畅的语文作文也在头脑的凌乱与麻木中失去了原本的水平，此前颇为偏爱的地理不断地向我抛出基础概念模糊不清的巨大难题。在日复一日的手忙脚乱中，我似乎并不能掌控我的学习，逐渐清晰的并不是脑子里知识留下的痕迹，反而是不断增长的焦虑。每天一睁眼，我都被巨大的不安裹挟着，似乎自己将要跳上一艘不知开往哪里，同时也让我精疲力尽的船。

在这样的忙乱与混沌中，开学初考的失利似乎也显得理所当然了。这次考试尽管并不是一次具有关键意义的考试，还是极大地警醒了我。我开始重新思考：难道我的高三，就要在这样的慌乱中度过吗；我的问题，究竟来自哪里呢。

于是，我对自己之前的生活进行了一场深入的反思：我的确每天学习到深夜，但是每个课间和同学们的聊天、回家路上的慢慢吞吞、偶尔低头玩玩手机，似乎也占用了我许多的时间；我常常学到很晚才开始哀号无法完成学习任务，其实是因为我根本就不知道自己今天究竟应该完成多少、每一项学习任务大概要占用我多少时间；我刷题的数量并不少，但是错题的整理与反思一直都远远滞后，这导致很多错题并没有体现其应有的价值，还会出现一错再错的现象；我的确听了很多很多优秀前辈们的建议，但是好像从来都没有真正地形成属于我自己的一套完整的学习体系。

经过这样的反思，我终于认识到：所谓的“时间不够用”，其实就是对自我时间的规划不足。而这种规划，并不等同于身边人的指挥，它需要真正立足于自身的实际情况。

意识到问题的我，决心尝试着去改变。

逃避无果，我开始改变

我做的第一件事，也是我认为非常关键的一件事，就是给自己买了一个日程计划本。经过多方面调查，并结合我的学习情况，我最终选择了以日为记录单位，附加每周总结板块、每月打卡方格和每月日历的一款计划本，其设计的写字空间能够满足我每日所准备学习事项的记录需求，并且还能够简单大方地展现出来。

于是，我每天早上到学校的第一件事，就是将自己今天需要学习的任务一条一条地写在计划本上，并且将本子摆在桌头，随时根据老师上课提出的学习安排进行相应的补充。因为是以周为单位的学习计划，所以在每周完成一周总结后，固定事项提前在下一周的每一天的计划区域写好。每完成一项，就在这一项后面打钩。这样一来，我每一次打开笔记本，都能清楚地看到我今天的学习任务究竟有多少、完成了多少，还有多少没完成。我往往选择在晚上完成一天的学习任务之后进行集中打钩，这也就成了我一天中最幸福的时刻。那个时候笔尖划过纸面，沙沙声给我带来的巨大充实感与满足感是不言而喻的。

我做出的第二项改变，也与第一件事情相关。也许正是明确了每天有多少事情要完成，我对自己的时间抓得更紧了。我开始有意识地加快自己做事情的速度，不把时间浪费在无关的事上。哪怕仅仅只是去一趟洗手间、去教室后面的饮水机处接一杯水，我都尽量加快步伐；吃午饭时，我也减少了关于八卦的闲聊，专注地吃完午饭，争取在午睡前再做几道题、再看几页书；上学和放学的路上，我手里攥着课间抄好生词的卡片，一边嘴里念着，一边快速地前进。

在这个改变刚刚做出的时候，我也有过很强烈的不适应和不习惯。因为我原本是个非常愿意和身边的人聊天并交流各种信息的人，而保持专注的生活和学习节奏，就不可避免地要和周围的同学拉开一定距离，甚至被人认为不合群。但是，让我非常感动的是，我身边的朋友并没有因此而对我有所曲解或者多加议论。相反，更多的同学感受到了我对学习目标的坚定，也看到了专注的生活和学习节奏对学习效率的提升带来的正面影响，并且学习我的这种生活和学习节奏。在大家的共同努力下，我们班级的学习氛围也越来越浓厚，每个人的学习热情都日益高涨。

只要努力就会有所收获

在高三的一年时间中，学会时间规划，给我带来莫大的收获。这种收获不仅仅体现在学习效率提高、学习内容增多，同样也体现在我的学习心态上—这对于高三的学生来说无疑是非常重要的。

学会时间规划带给我的第一点影响主要体现在学习效率上。当我每天能非常明确地知道自己有多少任务需要完成时，我就会下意识地去压缩做其他琐事的时间，有意识地提高自己的效率。这种做法使我可以利用的碎片时间大大增加，原本要堆到晚上才能完成的背诵任务，我可能在上学、放学的路上就完成了。加快课间活动的速度后，原本需要十分钟做的事情现在不到五分钟就做完了，剩余的时间还可以让我再做一两道文综的选择题。走路的适度提速，不但缩短了我往返家和学校的时间，也使我保持了更加精神的学习状态，让我无论是回到家中还是到达教室的时候，都能以更加良好的状态投入学习之中。在这样高效的学习状态下，我不仅在更短的时间里完成了原本认为不可能完成的学习任务，还有更充裕的时间对学习过的知识进行复习。非常重要的一点是，我不再用深夜的拖延来换取学习时间，上床睡觉的时间自然也是变得更早、更有规律，第二天上课的精神状态也远远比以前熬夜的时候要好得多，从而形成了一个良性循环。

当然，我也曾经听到过很多反对的声音，认为将除了学习之外所有的事情看作不必要、如同机器人一样运转，是一种对人性的摧残与泯灭，是扭曲的生活状态。但是，在我看来，提高学习效率，或者说压缩做其他事情的时间，并不是有意去尝试苦行僧一般的生活，并且试图用这样“苦行”的生活来实现“我已经很努力了”的自我安慰。相反，我认为这是对学习的一种专注与投入，是对眼前所堆叠的各种事情经过分析后进行的重要性的分选。我并不是刻意地不与其他人交流沟通，并不是刻意地只给自己更短的时间吃饭，而是充分认识到在当下学习的重要性高于跟他人的闲聊。这恰恰是一种对自我生活有所把控的体现，是一种坚定于自己的目标的体现。

学会时间规划带给我的第二点影响，就是心态的改变。在高三刚刚开始的时候，我每天手忙脚乱地从早忙到晚，但是内心非常迷茫和焦虑，因为我并不确定自己究竟学了多少东西、有多少是我还没有做的。

更多的时候，我只能用“我已经很用功了”来安慰自己，但是一旦面临考试而面前学习任务量加大时，我就会陷入更严重的焦虑之中，很难稳定地将自己的水平发挥出来。在这样的心态影响下，我也确实吃了很大的亏，在开学考试中发挥不利，严重打击了自信心。

开始尝试时间规划后，我每天都能通过我的计划本明确地感知到自己的任务量，并且可以在每周结束的时候，重新审视自己上一周的优点与不足，完成每周总结，进而在下一周的时候避免之前的不足。举例来说，在文综刚刚合卷的时候，老师们着重强调文综的重要性，我也就不知不觉地将学习的重心放在了文综三科的学习上，但是没有意识到文综本来就是我的优势科目，反而忽略了较为薄弱的数学和英语。在测验之后，我的成绩并不理想，于是我重新翻看了我的计划本，发现自己的学习时间大部分被文综占据，之前对数学和英语的规划都被不同程度地忽视了，从而导致了综合成绩的不理想，以及英语和数学的部分知识因为练习的松懈而掌握得不够扎实。在计划本的提醒下，我很快地意识到了自己的问题，避免了将大量的时间和精力花费在质疑自己的能力和找不出症结所在的焦虑上，很快地调整了自己的任务安排，以平稳的心态投入新一轮的学习当中。

高三一年，大大小小的考试充斥着每一个学子的生活，成绩的起起落落在一定程度上是难免的。许多同学在神经高度紧张的状况下，很难在成绩的起落中很好地调节自己的心态，焦虑与迷茫就时常浮现出来。而这种不良的心态，不可避免地影响着考试时的发挥。而我胜不骄、败不馁、实事求是地找问题的平稳心态，一直陪伴着我度过整个高三，让我无论是大考还是小考，无论是成绩好还是不好，都可以通过对自己日常学习生活的安排的准确把握，消解不必要的焦虑，快速解决暴露出来的问题，保持对自身能力的自信，以乐观昂扬的态度面对高三学习生活中各种各样的挑战。在最后的高考中，我也如期发挥了我的水平，这当然也要感谢我一直保持的良好平稳的心态。而我之所以能做到这一切，就是因为我对自己的时间、对自己的实际状况，有一个准确和实际的了解和把握，不容易被外界影响，从而也就把握住了自己应当收获的成绩。

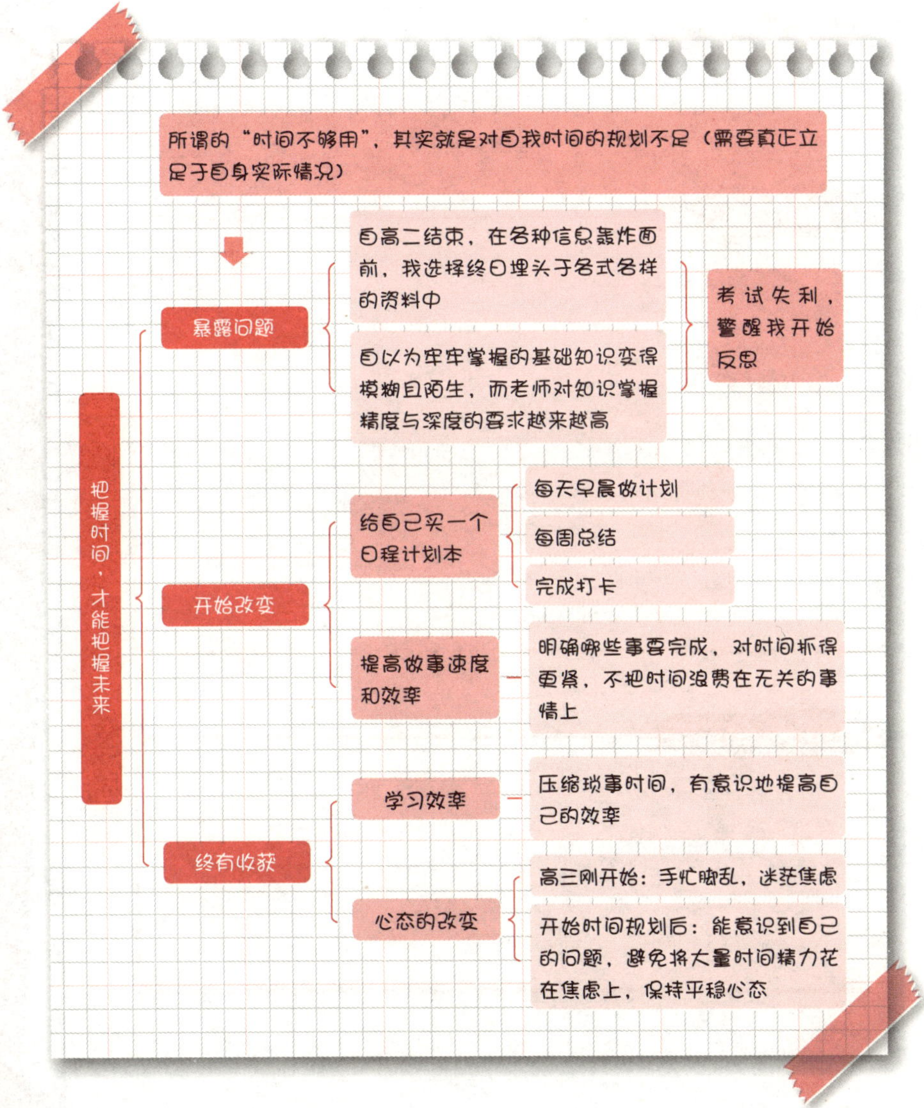

学霸阅读笔记

阅读打卡

新的收获

小 结

在不知不觉中 实现超越自我的四步走

雷书婉

高考总分：622

毕业于江西省瑞昌市第一中学

就读于北京大学外国语学院

自我分析和总结并不断超越的意识才是一个人能否取得进步的关键。

这种意识离不开平时清晰的逻辑思维习惯甚至生活习惯，家长也能在其中起到良好的导向作用。

我的小学和初中生活是在镇上的学校度过的，一个年级也就200人左右，加之小学初中的学习内容比较简单，校内竞争压力也小，比较轻松就能拿到年级第一。所以学习状态主要是按部就班地认真听课和完成作业，也没有一定的学习方法和反思意识，家庭氛围比较自由宽松，课后的时间大多给了兴趣爱好。在初中的时候，我妈妈曾提醒过我是不是要准备一个错题本，记一些比较典型的题型和错题，定期回顾才能有所提高，但当时的我觉得不需要错题本也能记得住，所以并没有在意。进入高中之后才发现自己存在诸多问题：课程的难度和容量比初中大了不少，仅凭听课似乎难以消化，做题粗心大意，长期依赖计算器导致计算水平比较低，做过的题也会反复错，之前擅长的文科也发挥一般，数学很少上120分（满分150）……以往的优势仿佛荡然无存。相信有很多同学也会有这样的感觉，在经历失败和挫折时觉得前几名的同学怎么会那么厉害，仿佛达到这样的成绩遥不可及，在巨大的落差面前不知所措。

高一上学期我的成绩一直徘徊在年级100名之外，但是通过一个寒假的反思和学习过后，在高一下学期的第一次月考，我就拿到了全年级第4的名次，在高二一年中稳定在年级前10名，在高三上学期稳定在前5名，高三下学期的几次模拟大考就有了很多次第一。现在想来我是一个很幸运的人，我在学习上的投入和产出基本成正比，在高中总结的一些经验，放眼到大学乃至以后的工作生活中，都能够给我带来益处和启发。高中三年的努力学习并不局限在自我感动式的努力奋斗，也希望大家在读书的同时，能够培养自己的学习能力。

第一步：培养自我分析的能力

中学生需要具备自我分析与总结的能力，有时候也有朋友问我“这次考试没考好怎么办”，这个问题太过笼统，最主要的是自己应该对“没考好”的原因进行分析，之后再以一周、两周或者是一个月为周期做学习规划。最直接的方式是分析试卷各类型题目的扣分情况，假设以全国卷一为例分析英语这一科，发现扣分点主要在改错题上，进而分析为什么改错题会丢分，自然是因为语法知识掌握得不牢固，但是“语法知识”这一范围实在太大，还要更加细化，比如介词相关处错得比较多，那就说明是介词部分没有掌握好。怎么解决呢？一方面再过一遍介词语法的相关内容，另一方面背一些常见的介词词组等。这样才是真正分析了症结和解决了问题。具体思维过程如下表，当然为了节省时间不必每次都画表，有分析的意识和过程就好。

	原因		措施
英语失分题型（125/150）	阅读理解	生词理解错误（2 题） 中心归纳（2 题）	1. 在接下来的一个月每天背 20 个阅读理解，摘抄生词； 2. 在专项练习教辅里多练习中心归纳题。
	改错	时态题（1 题） 介词题（2 题） 冠词题（1 题） 没有注意到第三人称题（1 题）	1. 看课本，先把介词和冠词的知识巩固一遍； 2. 两周时间每天做 4 篇改错，背介词常用搭配 10 个； 3. 一定要细心（第三人称加 s 没注意，属于会的题却没做好，多加注意）。

之后就可以制订计划，对症下药了。学习计划可以分为长期计划和

短期计划，基本遵循从易到难的原则，先解决比较容易的问题。长期计划适用于需要大量时间积累和消化的学科，例如语文，可以以一个学期或者一个暑假为周期，多阅读一些有趣的经典书籍，做笔记和摘抄，提升自己对文字的感知和积累，这显然不是一朝一夕可以完成的。短期计划的特点是通过高密度的练习达到效果，例如数学中的三角函数，可以在一周内每天多做10～20道相关题目并加以总结，利用集中时间攻克难点。哪怕复杂如圆锥曲线，基本题型也就只有十几种，三周的时间每天练习1～2个小时，相信能够很好地掌握。

我在高一的寒假分析了自己数学成绩不理想的原因，发现并不是题目完全不会做，初中时数学题步骤较少也比较简单，所以没有养成打草稿的习惯，每一步都直接写在试卷上，涂涂改改得出答案。高中数学复杂了很多，我的计算能力本来就薄弱，结果草稿和试卷乱七八糟，这样的后果是：第一，非常容易烦躁和出错，思路也很混乱；第二，很影响老师的印象。所以我在寒假安排了一些数学题的训练，养成了打草稿有条理的好习惯。另外，我的父母在知道我考试成绩不理想的时候，也没有急着责怪，鼓励之余问了问我丢分的都是哪些题，为什么会造成失分，有意识地引导我去自我分析。

除此之外，针对在前一学期课堂中可能不能及时消化所有内容的问题，在下一学期我会自主预习第二天老师要讲的内容，预习的目的并不是要提前一步弄明白所有内容，而是清楚自己懂和不懂的地方，这样上课的时候可以更有效率，更能抓住重点。知识都很好地掌握了，自然也就不怕考试了。

第二步：寻找自己的学习小窍门

除了对学习问题的总结，学习方法的总结也至关重要。没有适用于所有人的一套学习方法，大家都是在借鉴他人方法的基础上形成适合自己的体系。就我而言，进入中学后，历史、地理等课程的特点是背诵量非常大、琐碎的知识点特别多。这些琐碎的知识点一方面来自课本上难以被注意到的边边角角，例如图片下方的配文；另一方面来自老师上课的补充、平时作业涉及的一些课外知识，还有一些考试时考到的课外知识点。这些小知识来源分散，很难被注意到，却又很容易在考试时与我们“不期而遇”，打我们一个“措手不及”。所以我觉得需要做个有心人，专门准备一个小本子把它们收集起来，利用早读下课前的五分钟或者是课间看一看，这样慢慢就会有效果了。

还有背英语单词时最好以背英语句子来替代背孤立的单词，这样既可以根据上下文记住词义，也可以记住一些好的句式；以整理背诵平时阅读中出现的词汇替代机械背词典，因为一来我们已经看过一遍文章，对这些生词有了一定印象，背起来会相对容易，二来阅读里的词汇以后出现的概率也比较高，比按顺序背词典有效。检验背英语短文的方法是能不能合上书用里面的重点词句复述文章内容，而不是逐字逐句咿咿呀呀死记硬背，这样还能顺便提升口语水平……

上高中的时候，老师要求我们在班会上分享学习方法，也会邀请已经毕业的学长学姐回校分享，这也是一个汲取经验的良好途径。

第三步：养成良好的生活习惯

一个人不会是割裂的，他的生活习惯往往与学习习惯密切相关，我平时总是犯这样的错误：选择题要求选择对的看成了选择错的，应用题有两问看成了一问，数学单位总是看错等等。因为这些错误丢分往往很可惜，因为不是智商和能力的问题，但是很难改正，容易久病成疾。

固然可以通过提醒自己认真审题、画出题目中的关键点、提高计算能力等方式来纠正，但是在这背后更为重要的是生活习惯。要从小养成细心和井井有条的生活习惯，一个在生活中丢三落四的人在学习中同样粗心大意，相反在生活中细心的人在学习中也同样严谨，两者是相通的。因此，要一点一滴地纠正自己的生活习惯，我上高中的时候老师不仅关注大家的学习成绩，也会要求我们把自己的桌面收拾整洁。而且不要因为题目简单而轻敌，也不要因为畏惧难题而退缩，简单的题要保证尽在掌握中，难题能分析到第几步就到第几步，保持一个不骄不躁的平和心态也是良好生活习惯的一方面。

第四步：锻炼逻辑思维和表达能力

听说读写是融会贯通的，尤其是阅读，但是也不需要功利的阅读，非要学到点什么，这样就失去了读书的乐趣。小时候我妈妈在睡前会给我念一些有趣的故事和小说，比如《热爱生命》《窗边的小豆豆》《城南旧事》等，我现在回想起来都觉得是很快乐的时光。小时候不管我们去哪里旅游，一定会去当地的书店精心挑选一两本书带回家，这样可以有一种仪式感，好像书是一种生活的必需品。不需要强求所谓的“意义”，可能很难说清楚做什么事情是“有意义”的，其实不论做了什么，如果这一天可以写出一篇精彩而又充实的日记，那么这一天就算是充实而有意义的。

表达能力也很重要，它不等于“嘴甜”或者“爱说话”，而是要看说得怎么样，要敢于表达自己的观点，多尝试和爸爸妈妈或者是朋友分享自己的见闻，如果可以说得条理清晰、绘声绘色，那么写出来的作文就一定不会差。

有些同学不爱听课，觉得很无聊，但是学会倾听别人的观点是很重要的，一方面是礼貌问题，另一方面是能力问题。讲的方式不是很有趣并不等于讲的内容没有价值，但怎样学会听呢？首先抓住对方讲的关键词，进而抓住对方的主要观点，第一点是什么，第二点是什么，它们之间有什么样的关联，第一点又是怎么展开细化的……这样可以理清对方的思路甚至找出逻辑错误，在一定意义上相当于听力版的语文阅读理解，如果可以做好听力版的，那么试卷上的文字就更不在话下了。

我在上中学的时候性格比较温和，所以课下有很多同学会来问问题，我如果会就讲给同学听，如果不会就再想一会儿，下节课课间继续和同学讨论。有一天和老师聊天的时候，老师说：“这么多同学问你问题，对你自己也有很大的提升。”我想想的确是这样，也很感谢当初问我的同学们，相比较“讲题”这个说法，我更喜欢用“讨论”这个词，如果自己做题，可能三五步囫囵吞枣就做出了答案，对其中关节点未必完全清楚，但是，如果要给别人讲清楚的话，就需要对每一步的思路都有扎实而清晰的认知，并且要用有逻辑和条理的语言表达出来，还能够加深自己对题目的印象，甚至还能进一步领会到出题人想要难倒大家的“点”。如果用更“科学”的话来说，这种给别人讲题以使自己的思维更清晰的方法叫作“费曼学习法”，也是很多人认为有效的学习法。在初中的时候，妈妈辅导我写作业，有的时候偷懒不想把步骤全都写一遍，妈妈就会让我把思路和步骤给她讲一讲。所以不要觉得给同学讲题是浪费时间，更不要觉得问问题的同学不如自己，实际上在讲题的过程中经常有同学提出不一样的思路和看法，所以愉快地和大家一起讨论吧。

我的经验分享就到这里啦，希望能对同学们有所帮助，也祝愿大家可以逐渐靠近理想的自我，书写属于自己的精彩故事！

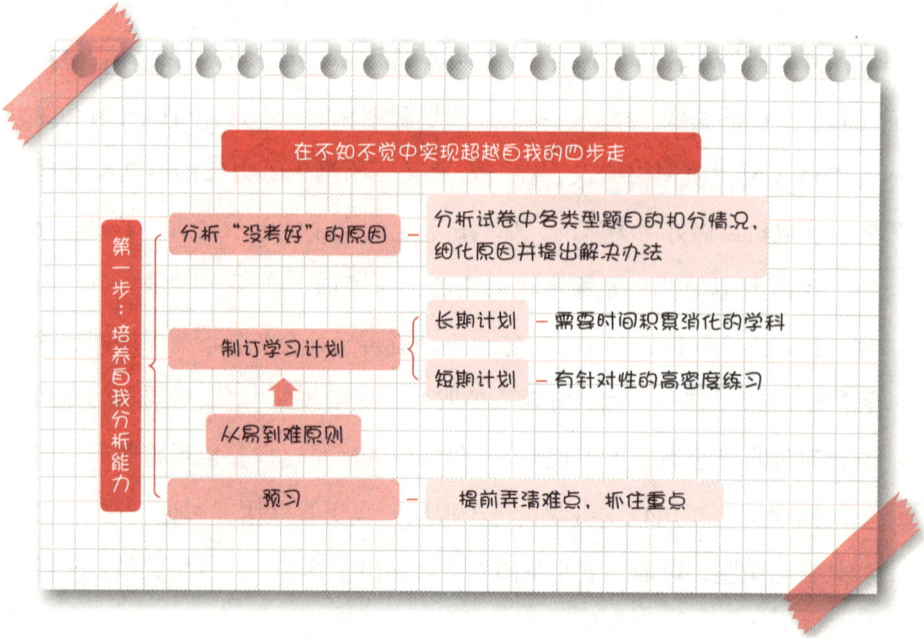

- 第二步：寻找自己的学习小窍门
  - 历史、地理
    - 背诵量大，知识点琐碎
    - 知识来源分散
      - 课本上的边边角角
      - 老师补充、作业涉及的课外知识
  - 英语
    - 背句子代替背单词
    - 整理平时阅读中出现的词汇
    - 用重点词句复述内容

↑

在借鉴他人方法的基础上形成自己的体系从易到难原则

- 第三步：养成良好生活习惯
  - 从小养成细心和井井有条的生活习惯
  - 一点一滴纠正生活习惯
- 第四步：锻炼逻辑思维和表达能力
  - 不需要功利的阅读 — 保持阅读兴趣与乐趣
  - 敢于表达自己的观点 — 多和父母朋友分享见闻，力求条理清晰、绘声绘色
  - 学会倾听
    - 抓住关键词
    - 主要观点
    - 理清思路，理顺逻辑
  - “费曼学习法” — 和同学讨论问题

↑

听说读写是融会贯通的

学霸阅读笔记

阅读打卡

新的收获

小　结

如何制订学习计划才能有效完成

陈 晨

高考总分：678

毕业于湖南省长沙市长郡中学

就读于北京大学医学人文学院

树立全局观念，立足整体，统筹全局，选择最佳方案。

俗话说“兵来将挡，水来土掩”，如果面对高三也是这样—“错一题改一题，错两题改两题”，能保证每一科的成绩稳定提升吗？高三的经验告诉我，只有全科拔尖、考试前只用查漏补缺的选手可以轻松随意，不一定需要制订全面的计划；其余的大多数同学（也就是我们），如果对自己的整体状态、各科实力、强势劣势没有准确的把握，也不对应制订合理有效的计划，只是老师布置什么做什么，就无法系统地提升自己高考时的整体水平，无法在各种考题交叉出现的情形下实现自己考试成绩效益的最大化。

什么是时间规划

时间规划的核心是做到自己的最好。做到自己的最好，既不是模仿他人，也不是自我懈怠。由于每个人的生理习性不同，适用于每个人的时间规划也不同。有的同学看着别人凌晨两点才睡觉，自己也效仿，结果整得自己白天头昏脑涨，一整天的效率都因为睡眠不足而提不起来；有的同学看别人早上5点就起床了，于是定好N个闹钟在清晨叫醒自己，结果刚上早自习就已经趴在桌子上了。盲目地模仿他人绝对不可取，正确的方法是，尽早尝试，了解自己是早起党还是深夜党：早起党的同学下晚自习，完成了所有任务即可回去休息，第二天早晨可以早些起床，将一天的清晨（如6:30～7:30）作为一块完整的学习时间，安排恰当的学习任务；晚睡党的同学可以早晨掐点到，在晚自习后安排一段学习的时间（如23:30～00:30），高效率地完成相应的学习任务。但不论是早起党还是晚睡党，都要确保白天精力充沛，在一定程度上逼迫自己努力。有的同学说“既然这么说了，那我习惯早睡晚起自然醒”，这是一种借口。高三对大多数人而言都是打破原有的舒适习惯，建立痛苦但适合自己的新习惯。没有人可以轻轻松松超越自己和他人，新的作息需要个人凭意志力来适应；拿疲惫和辛苦当借口，只会让你输在起跑线上。

我的时间规划

6:20-6:30	早餐	8:00-8:10	1:40-2:00	5:15-6:30
6:30-6:45	英×3/语×2	9:40-10:00	2:40-2:50	6:50-8:30
6:45-7:15	背书	10:50-11:10	3:35-3:45	
7:15-8:00	早读（英、语）	12:30-1:10	4:25-4:35	

作业：315min 剩2.5小时

每周 2.5×5+1+4.5+4=22 小时自由支配　机动×2　使用×20

我是一个十分典型的早起党，我可以每天6点起床，做早起的鸟儿，但做不到太晚睡觉。高三一整年，我保持着零点睡觉、6点起床的习惯，用20分钟到教室，花10分钟吃早点，然后开始一天的学习。我把每天除了上课以外的可使用时间全部列举出来，得到了如图所示的全部碎片和整块时段。周一至周五晚18:50—23:00是我所在学校的晚自习时间，由于整块时间适合进行自主的彻底的复习（如完成模拟卷），我尽可能地把白天的碎片时间用来完成作业（如图中汇总的315分钟），把早晨的整块和晚8点半后的整块时间用来做自己安排的事情，加上周末，每周至少能得到20多个小时的自由支配时间。在完成作业的基础上充分加入自己的需求，这样就可以实现时间效益的最大化。

制订计划前需要做什么

答案是分析各科优劣势。

分析各科优劣势的核心：找准问题。什么是找不准问题的表现呢？

在这里举两个典型的例子：

例一：小明考生物时碰到一道题，问：温度主要影响光合作用的________阶段（答案：暗反应）。本题考查的是对光合作用暗反应的识记和了解。暗反应阶段需要多种酶的参与，而酶促反应需要适宜的温度，所以外界温度变化对光合作用中暗反应的影响相对更大。小明考试时记不起来了，考试结束后一看答案，说“啊，好有道理”，于是拿红笔唰唰唰把“暗反应”三个字写上去，这一题的更正就这么结束了。

例二：小明数学考试时选择题总是做错，考试结束后，他看着错的题目，发现自己在看题时把1看成7，说“啊，是粗心造成的”，于是重新算了一遍，发现和答案一样，因此这道题的更正也结束了。

以上这两个案例皆为典范，我们来看看什么是正确地找准问题。例一中，小明对暗反应和光反应中涉及的原理不熟悉，导致本题无法正确回答，更正后也许下一次出同一道题目他可以答对。可是高考中几乎从不出原题，如果下次考二氧化碳浓度，或者考呼吸作用的其他细节，他还能确保回答得出来吗？考试考一个知识点，但点的背后是对一条线甚至一个面的考查。如果这道题将漏洞暴露出来了，实际上很有可能说明小明对光合作用这一整章的细节记得不够清楚，理解得不够透彻，不能熟练地运用。最好的方法是，记下来，找一小块时间，把“光合作用”这一章（甚至“呼吸作用”一起）仔仔细细地重新看一遍，包括正文、注释和任何小框内的补充内容，时间充裕的话自己进行总结。

例二更加典型，很多同学都会有粗心的问题，不是看错题，就是写错字，“粗心”两个字却也同时成了借口和挡箭牌，好像粗心没法儿改。在这里给大家介绍一种方法，当你发现自己有好几处因粗心导致的错误时，去认真反思自己做题的过程，找到错误的源头。比如10道数学题错了3道，这些错题都是因为没仔细读题，那这周的目标就是“强行仔细读题”，拿一张便利贴，写“仔！细！读！题！”四个大字，贴在桌上显眼的位置。这周每次做数学选择题时，看着那张便利贴，不限时间地去做，拿笔指着圈着一个字一个字地读题，看看10道里错几道，直到错得很少或个别错误不是看错题，再逐步提高速度，借此养成习惯。希望大家谨记，不可因为丢分是粗心导致就不去努力改变，不管考试内容如何，改变做题的坏习惯都极其重要，它能给任何学科带来显著的提升。

在这里列举我的两次考试后的问题汇总，因为也涉及计划的制订，大家可以连着下一小节一起看。我们一定要学着从一道道考试题中跳脱出来，去找到自己在整个知识体系中欠缺的地方，然后对应提升。

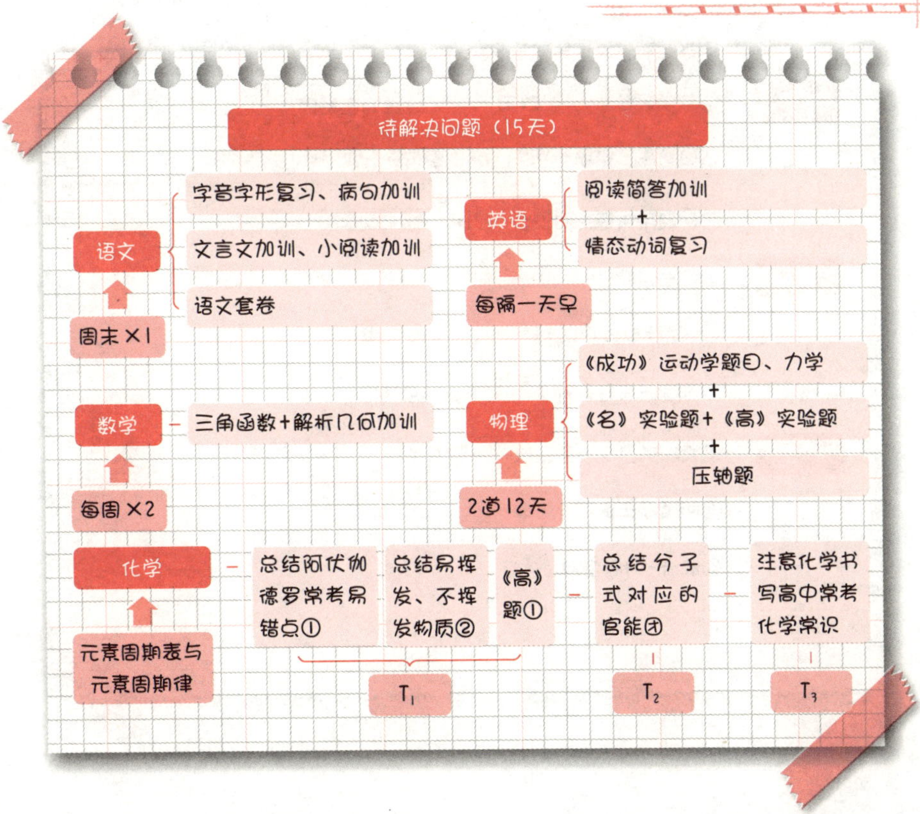

你现在存在的问题以及必做事宜

语文

- ①抓语基 ← 早
- ②定期套卷 ← 1/周　　专题卷（2-3）← 周末
- ③大阅读提升 ← 晚
- ④素材及分论点的积累 ← 晚
- ⑤答题技巧全归纳

数学

- ①攻大题→拾信心→有冲劲
  - 晚作业后
    - a. 小题提速：练习不检查或少检查；优化检查方法
    - b. 练习前三道大题 20min ← 晚
    - c. 练习压轴题：饶？自己？← 晚
- ②数学套卷 ← 周末
- ③回顾高三错题+小题 ← 周末

英语

- ①回顾所有语法知识点<5.3> ← 晚
- ②定期套卷
- ③词组+单词积累+默写 ← 早

物理

- ①小题的速度→Su ← 晚
- ②大题的速度→自己练 ← 晚
  - （①②共 65min）
- ③回顾高三错题→查漏
- ④教材+习题全部过一遍 ← 周末

制订计划

找好问题后下一步就是制订计划。这一步相对来说简单又具有成就感。根据上一步中你发现的问题找到针对性的复习或训练资料。文言文做不好，就找好文言文的训练题目；英语could和would分不清，就把所有的情态动词统一复习并区分一次；化学挥发物质记不清楚，就总结一下化学的挥发和不挥发物质。像上图那样把所有的复习内容和材料准备好之后，标明每一项需要花费的时间及每周需要完成的次数，如“数学小套卷，每次需要1个小时，每周做1次”，然后根据你一天拥有的可支配时间（时间规划中的作业外时间）把各项内容填到每一天里，再依据每天的具体情况填到每一个时间段中去。需要注意的是，最开始的时间规划并不是限定死的，比如不是每天晚上8:30就必须完成所有作业，如果当天作业多，9:30才写完；或者作业少，7点就写完了，那就花10分钟重新安排一下当日的任务，不必拘泥。计划的关键是充分利用好时间，而不是必须完成任务。

执行计划

执行计划的核心是自我效能感。自我效能感指个体对自己是否有能力完成某一行为所进行的推测与判断，也就是我们常说的“我觉得我能做好”。要确保自己能坚持执行计划，就要给自己足够的鼓励和信心。比如最直观的方法之一，就是在你完成一项小任务之后，在计划本上用很明显的笔打个钩，一天或者几周下来，看到自己小本子上满满的红钩也会有满满的成就感，这会给予你新的动力。如果某一天的某一项任务没有完成，不要紧，把它挪到相对轻松或者用来机动的某一天里去，下次完成就好了。如果好几天自己都准时准点、保质保量地完成了任务，那就告诉自己你做得很棒，给自己一点小奖励，去一直没去的小店吃一顿想吃的，早睡一次，或者花20分钟时间去逛逛学校门口那家文具店，累并开心起来，做计划的主人，而不要因为计划的压力而过度焦虑。

有的同学会有一个问题：我的计划总是完不成，怎么办？这个问题之所以会产生，一方面可能源于时间估计得不准确：也许你做一张套卷需要一个小时，半个小时对答案和更正，但计划中你只安排了一个小时的做题时间。因为这一原因导致的“完不成”需要你重新核查自己的时间安排和估算，尽可能确保精确。但有的同学说，我的时间估计也是准的，可是我用一周的自由支配时间还是完不成所有任务，这怎么办呢？我想告诉这些同学的是，几乎没有人能100%完成自己的所有安排，我每周也会因为时间不够舍弃个别任务，但只要你在坚持、在努力，实在完不成也没有关系。我的班主任曾告诉我们，当年有个文科班的年级第一也会每个月制订计划，但是只能完成60%，她的班主任就问她：“那完不成怎么办呢？”她说：“我完成60%就能拿年级第一了，非要完成100%干吗呢？”尽管这个故事随着时间的流逝可能有些微的夸张，但它仍告诉我们，计划完成多少并不重要，重要的是内容合理，完成的部分保质保量，有效果，有提升。

补充与后记

以上就是计划的主要制订方法及计划本的主要功能，在这里我再补充一些自己的计划本的其他用途。

备忘录。记一些零碎的需要完成的小事情，提醒自己不要忘记。这样的用途大家都用小本子实现过，在这里不再赘述！

老师的指导。高三一整年的每个课间，我只要不在教室，就在老师的办公室里。老师见过的题、见过的学生一定远超过每一个同学，所以当我不知道自己哪里出了问题，或者当月考刚结束之后，我总会拿着题或试卷跑到老师面前，直截了当地问：“老师您帮我分析一下呗！我应该怎么加强一下呢？”不要害怕老师嫌弃你，老师最嫌弃的永远是那些从不提问的、过于好面子的、过度自负的同学。老师指导后，记得用小本子记下来，将合适的建议纳入自己的计划中（如下图：化学老师指导）。

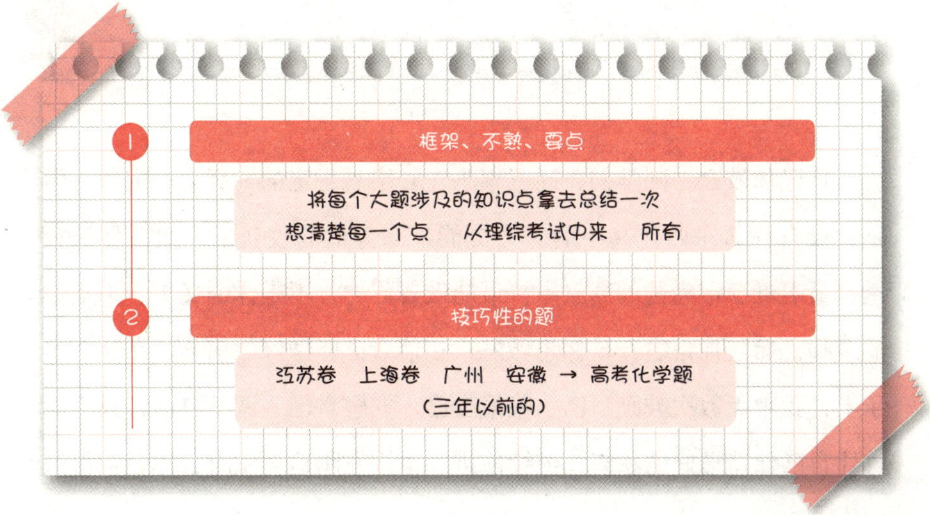

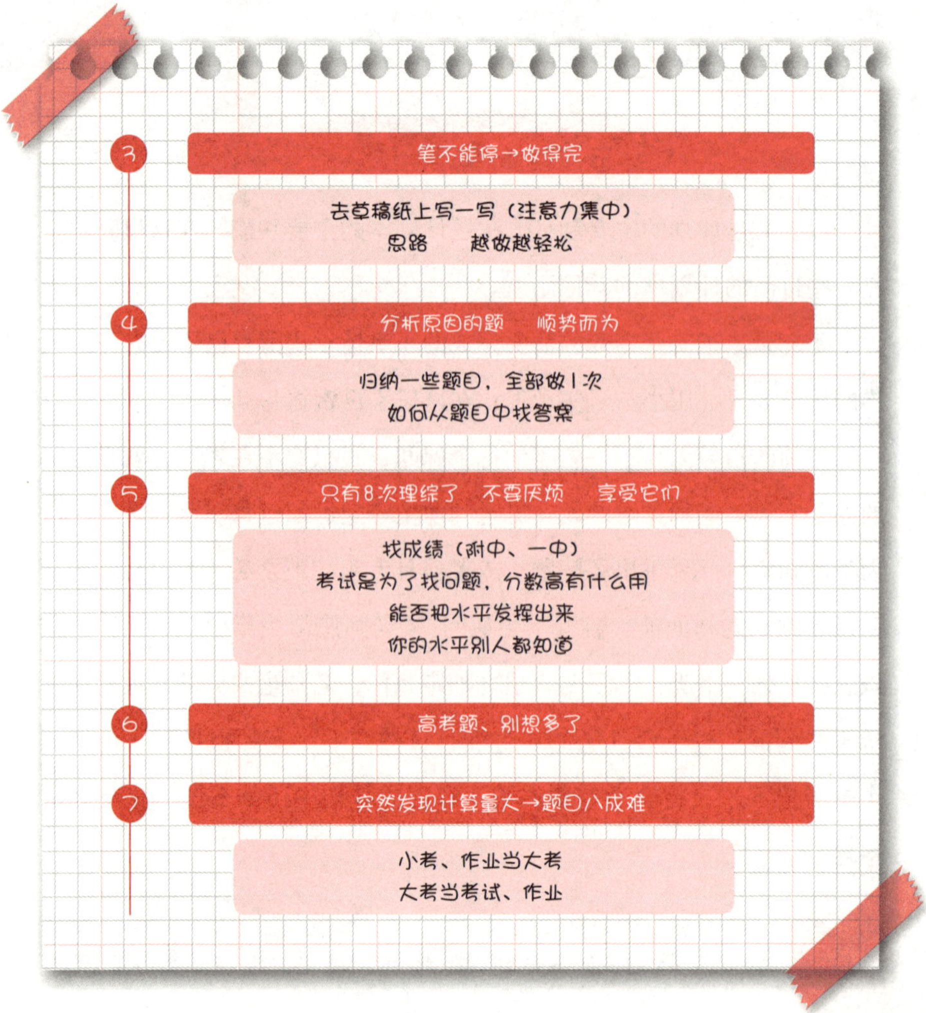

日记和鼓励。同学们，高三累吗？答案是肯定的，努力一定累。但是，没有什么东西比高中的努力更能带来等值的收获了。而在你最疲惫、最艰难、最痛苦的高三中，最能鼓舞你的，不是你的父母，不是你的老师，而是你自己，是你想做好、相信自己能做好的信念。在这个本子上，我曾无数次鼓励自己、鞭策自己、安慰自己、调整自己，只为能够让自己保持最好的状态，继续前进。也许在刚这样做时，你会觉得这样很傻，但最后你会发现，反思、表达和自我调整，是一种强大的能力，会伴随你的一生。

最后，学姐衷心地祝愿每一位学弟学妹，考进理想的学校，实现自己的愿望，走上自己的人生巅峰！

低到尘埃里，才可以开出花来。

世界是属于你们的，也是属于我们的，但归根结底是属于年轻人的。年轻人就是八九点钟的太阳，迎着旭日，沐着光辉，前程似锦。而站在年轻人身后的，则是无数的过来人，他们虽然走过了巅峰，但也曾留下辉煌的身影，不算白来一趟。

让暴风雨来得更猛烈些吧！

刘同：你会输，是因为你一直在考虑输了以后会怎么样。我赢，是因为我从来没想过输，我只是专注。

没有拼尽全力的人，没有资格要求自己比别人好。

学霸阅读笔记

阅读打卡

新的收获

小 结

另辟蹊径，朝着理想迈进
——我的开辟荆榛的拓荒之路

刘泽辉

高考总分：622

毕业于山东省德州市第一中学

就读于北京大学历史学系

在经验不足、方法有限、信息匮乏、压力巨大的环境下，如何踏出一条清北之路?

自我思考与不断反思 → 老师的指导 → 即时经验总结与升华

如果继续选择理科，我的高考之路或许会更为明朗、顺畅。中考成绩全市第2名的我一入学就被分到了理科实验班。在高一的8次大考（月考、期中、期末）中，我取得了4次年级第一。如果按照我们高中理科每年至少能有两三个学生上清北的比例来估算，老师们都认为，如果我能保持这种状态直到高三，考取清北是不会有太大问题的。

然而在文理分科时，我毅然决然地选择了更为艰难与未知的道路。我所在的高中文理科实力悬殊，上一个文科生考上清北都是远在8年之前的事情了。一方面，“学不好理科才去学文科”的偏见使得成绩优秀的学生在文理分班时对文科避之不及（现在虽然取消了文理分科，但政治、历史、地理这三门仍很大程度上仅仅是“避险学科”，用于回避自己不擅长的理科）；另一方面，生源质量问题也使得文科教学无论在资源、经验，还是管理上都比较落后，例如班主任不得不将更多的精力用于维护班级纪律而非教学质量上，进一步加剧了文科的窘境。

在这种困难的条件下高考之路如何走？这个问题在高中一直困扰着我，同时也激励着我。我对这个问题的解答方式，不是在口头上侃侃而谈，而是用整个高中的经历与选择来回应。我不否认奋斗，但这不是一篇奋斗文。因为使我成功进入北京大学的并不是高中的奋斗，而是奋斗的高中，在需要铭记的诸多时刻里，我都与他人、与更深的自己紧紧联系在一起。

个人的思考：选择与自我

我的第一个对话者是自己。首先我要弄明白的是，高中的政治、历史、地理三门“文科”跟大学的“文科”、跟所谓的“人文精神”有怎样的区别和联系？我的最终目标究竟是学习大学的“人文专业”（如中文、历史学、哲学以及社会学等），还是仅仅希望以高中文科相对“简单”的内容（当然，学精并不简单）为跳板，最终指向经济、管理等专业，又或是仅仅想受到“人文精神”的熏陶？

为此，在高一的正常学习之余，我也开始了对历史、哲学等大学专业导论性书籍的阅读，当然不是为了“预习”和消遣，而是想真正了解它们的大貌之后再做判断。我大概清楚了历史学并非儿时的听故事和讲故事，而是对史料进行熟练公式的梳理与文学家般的重构；也大致了解了哲学并非强装少年老成地玩弄一般人听不懂的概念，而是在思维领域对现实中的根本问题进行考察。这些都使我避免堕入对“人文”过度浪漫幻想的陷阱之中，而是明白它们既是现实的，又是严肃的。

如果当时的我断定自己向往的并非大学的人文专业，而仅仅是高中政史地三科相对“轻松”的门槛，或仅仅是追求一种虚浮的“人文理想”，那么我可能仍会选择理科。但由于成长经历的影响，我个人比较缺少“职业感”的态度，但总是抱有“事业感”的热忱，在这种情况下，社会性和历史感更强的人文专业，更能激发我的热情，给我持之以恒的动力。基于自己的实际能力、实际性格与大学专业的实际状况，我做出了学习文科的选择。

老师的提点：两学年，三个班与走班制

高考路上，我的另一个对话者是老师。在学生们的眼中，老师大多

是压力的来源，是提出批评的人，是学生的“对立”与“他者”，但我“奇葩”的选择带来的独特高中经历，反而让我在不同侧面看到了老师们一言一行背后的用心与考量，也更深刻地体会到老师的提点对自身提高的不可替代性。

高二进入文科班之后，学习环境是相对艰难的，但在和老师的共同努力下又不是不可改善的。这种情况下，和老师的沟通至关重要。例如，我的语文作文长期发挥不稳定，于是老师和作为语文课代表的我一起策划语文作文的专题讨论课，在收集素材、整理思路中我加深了对高考写作的理解。我们的晚自习被明确地划分为三节，每一节都有不同学科的老师维持纪律，而我们机械地做着文科老师带来的作业。但由于作业难度、题量各异，有时同学们很快就能完成作业，剩余时间反倒无所事事；有时却时间紧张，但也不得不停止思路在下一堂自习上做其他学科的作业。了解了同学们的实际情况后，老师们对晚自习进行了改革，在晚自习之前把作业统一发下去，当堂老师只负责维持纪律，具体学科作业的时间安排则由学生自主规划。本班不同学科老师还建立了沟通群，来协调作业量、班级管理等事宜。这些改变一方面是来自学生的建议，另一方面也得益于老师们的虚心接受和认真调整，从而使师生之间形成了弹性的合作关系。

高三时，机缘巧合，我甚至体验到了“走班制”教学。学校将文科年级前20名抽出来，单独划出一间教室开设了小班，但由于师资人员问题，这个班只配备了政史地三科老师，语数外反倒要去不同的理科实验班“蹭”课，我去的自然是高一时所在的班级。尽管不同班级在课程安排方面尽量协调一致，但走班制给我的感受仍然是“独”。因为学习与人际关系都被分配到两个不同的班级之中，这使得此前与同班同学间

“你知我知”的共享经验的关系变得薄弱，进度、安排和问题的总结变得更具体化和个人化，这就要求学生精准地总结出自身问题。与同学联系薄弱化的同时，同老师的联系就变得更为重要，因为除了自己，或许周围能够找到的了解某个具体教学安排的人就只有老师了。所以，我的高三也是精准提炼自身问题、主动求教各班老师的一年，自己的问题只有自己心里最清楚，发现的问题也只有与老师合作才能更好地解决。

压力的克服：“精准”总结经验

当然，老师带来的是鼓励和支持，但有些时候也许正是这些帮助反而会加重我内心的压力，在考试失利、不能满足家人朋友的期待时尤其如此。到了高三，各方面的压力都向我袭来，除去高考临近、考试失误这种常规压力，更有老师、同学拿高一表现和高三表现前后对比（毕竟文科平均分都会低一些）的压力、自身提高产生边际效应而周围同学后来居上的压力等。这些压力的确影响了我的情绪。

但压力真的会像一般认为的那样影响学习或考试发挥吗？对我来说，压力带来的烦躁和焦虑，至少无关乎考试的状态和日常的复习梳理。无关乎日常的梳理是因为一旦掌握了总结经验的方法，我们都能从每次犯错中有十分具体的收获。遇到压力，尤其是考试失利时，我们不应当沉浸在消沉情绪中，而是要直奔根本问题——分数，落实到每一道题失分的原因，从每个错误中挖掘教训。这样，犯错本身带来的压力，就转化成了成功查漏补缺带来的“下次一定不会再犯”的希望与信心。

我们应当如何总结经验才能达到“下次一定不会再犯”的层次呢？这需要深入分析犯错误的“具体”原因，将经验精准化、知识点化，而不仅仅是“马虎了”“想多了”“太难了”这么简单。精准化总结经验的方法，最容易上手的是数学。例如，如果一道题在考场上不会做，不要过分沮丧，也不要明白了之后就把错题扔到一边。实际上，所谓“不会做”并不是指不会做整道题，而是指入手的思路不对，或者思维在关键步骤上卡了壳，我们的错题本不应该仅仅把解题步骤抄下来，而应该用其他颜色的笔标注出自己是在哪个步骤上卡住了，或是为什么没有思路。如果是“马虎了”，那也要追查到怎样的“语言环境”使得正负号、数字、字母等被看错，并用心记录下来。这样整理的话，考试之前，就不需要把每个错题重做一遍，只要想起那个“关键步骤”“思路”和“语言环境”，就能保证不会重蹈覆辙了。文综选择题虽然更为复杂，但其实也能使用类似方法，为此我还专门整理了解题思维图鉴。总之，只有真正找到问题的原因，才能真正解决问题。

水磨功夫：“方法论汇编”

上面介绍的是对容易犯错的知识“点”的解决办法，但正如我的一个室友说过的，当刷题到了一定数量的时候，高考其实就成为了一种熟练工般的工作，也就是说，那会儿的我们掌握了解题的“套路”。掌握

“套路”，是对题目普遍化的、“面”的解决，这对语文和文综的应试尤为重要。

从高三上学期开始，我就一直在整理语文古诗词鉴赏、阅读的答题格式，以及文综选择题的答题思路。我将这些大纲整理成了数十页的“方法论汇编”。有些题目自成一类，例如，回答语文阅读文章“这篇小说使用第三人称的作用”这类题目的时候，经过把各种答案进行综合，我们可以在普遍意义上回答“突破个人的时空局限，更为全面；拉开叙述者与故事的距离，有客观性”，当然如果是散文，则具有“全面客观，普遍性”的效果；如果回答历史中“某个历史事件有怎样影响”这类问题，首先要分为积极影响和消极影响，积极影响可能包括直接效果、在特定时空和领域的地位、打破了什么、建立了什么、巩固了什么、在统治集团利益和统治基础上的影响、激化或是解决了矛盾，以及对当今的借鉴意义，消极影响则有可能是未突破传统的保守性，或者阻碍进一步发展，等等。当然，这些大纲起到的是快捷检索从而节约时间、填补疏漏从而使答案结构完整的功能，还需要根据具体的题型进行特有的、带有“灵感性”的补充，才能做到不扣分、少扣分。

在缺少往届经验的情况下，一个人总结出上述方法就已经颇费精力，但意识到要有这些方法本身更是一个开辟荆榛的拓荒之路。回首再看这条唯独自己走过的路，我要感谢的不单有拓荒的点滴努力，更有筹划的理性方法；不单有筹划的理性方法，更有理想的热忱动力；也不单有理想的热忱动力，更有感恩他人与自己的温柔的心。

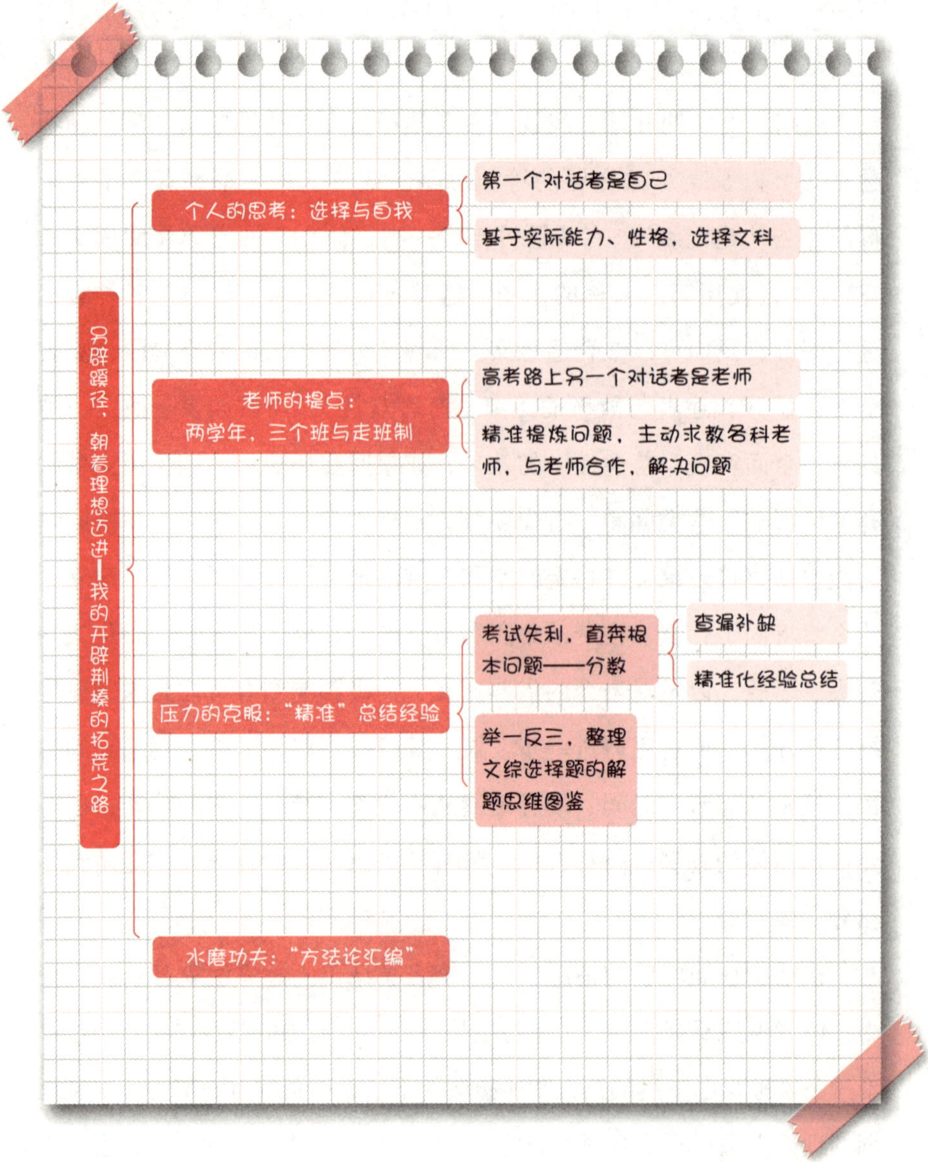
另辟蹊径，朝着理想迈进——我的开辟荆榛的拓荒之路
个人的思考：选择与自我
第一个对话者是自己
基于实际能力、性格，选择文科
老师的提点：两学年，三个班与走班制
高考路上另一个对话者是老师
精准提炼问题，主动求教各科老师，与老师合作，解决问题
压力的克服：“精准”总结经验
考试失利，直奔根本问题——分数
查漏补缺
精准化经验总结
举一反三，整理文综选择题的解题思维图鉴
水磨功夫：“方法论汇编”

学霸阅读笔记

阅读打卡

新的收获

小结

03

学科突破篇

每天我们能够
用来学习的时间
也不过10个小时左右
却要同时学习9门学科
平均到每门课上
也就只有1个小时的学习时间
方法，便成了
我们高效学习的
制胜法宝
用对了方法
我们在每一门课上做的努力
都会在高考这张试卷上
画上完美的句号

短板语文 决定了我是否能上北大

李　爽

高考总分：682　语文：122

毕业于喀左县高级中学

就读于北京大学城市与环境学院

我以亲身经历告诉你，短板才是决定你最终能否成功的关键。

进入高三以后，我的数学、英语和理综成绩日趋稳定，然而语文成绩始终不太理想。若是以这样的成绩去迎接高考，想必我一定会与北大擦肩而过。出现这一问题的原因在于我此前对语文成绩的不重视，幸运的是，我还有时间去弥补，通过一系列方法提升了我的语文成绩，最终以122分的成绩为我的高中语文学习画上了一个句号。虽然不算很高，但终归让我实现了梦想。那么我是如何突破学科短板，最终圆梦燕园的呢？

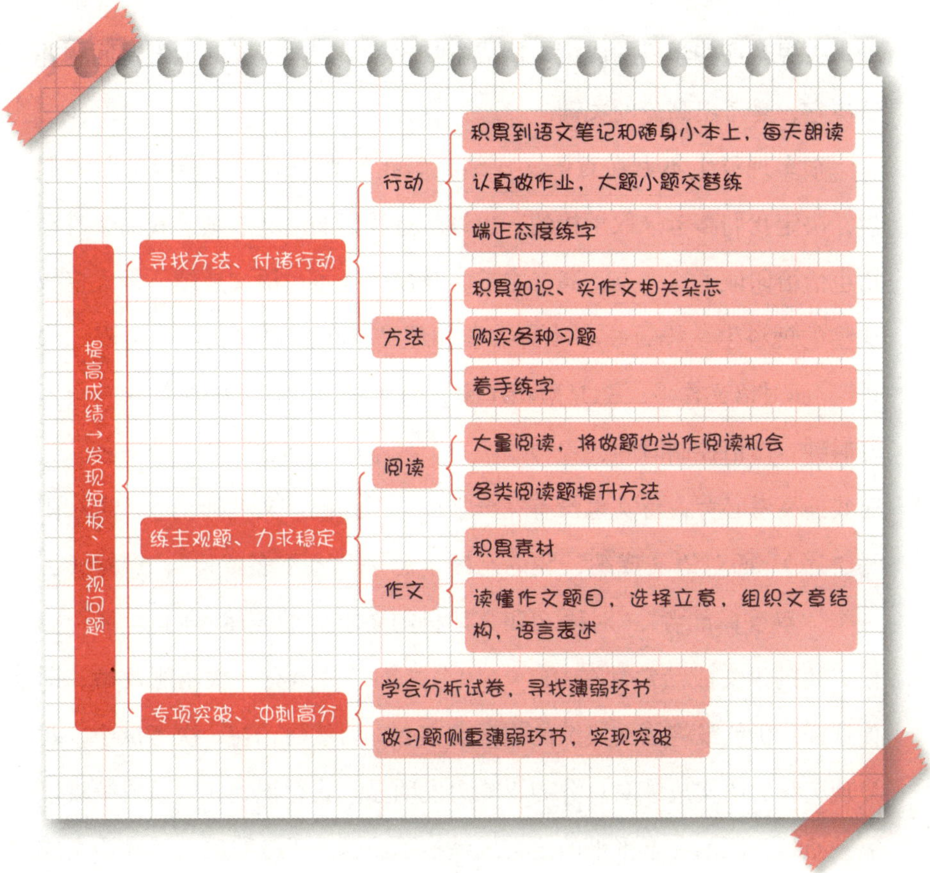

发现问题，走出舒适圈

高中班主任常对我们说的一句话是“高手无弱科”，因此，若想成为考上名校的“高手”，务必不能存在短板，应尽量地使各科成绩均衡。然而，很多同学难以意识到自己某一学科还存在问题，或者是发现了问题，却不愿意去解决它。我们往往愿意在自己比较擅长的学科上付出更多努力，追求成功的满足感；却对自己不擅长的学科提不起兴趣，没有动力去提升这些学科的成绩，造成学科短板。因此，及时地发现问题并解决它，是考出高分的关键。

很多理科生不太在意语文成绩，但我的高中语文老师经常对我们说，决定我们高考录取学校的，也许就是我们的语文成绩。我的亲身经历也恰恰印证了这一点。高二之前，我没太在意过语文成绩，像大多数典型的理科生一样，一心攻克数学和理综，在刷题中获得了无限“快乐”。面对语文作业，总是敷衍了事，每次做语文作业的时候，总会紧盯时钟，严格控制时间，生怕“浪费”我本应“刷题”的一分一秒。甚至我连高考必背古诗文也没有完全掌握，因此被语文老师罚抄《送东阳马生序》。面对语文成绩，我的态度也总是“差不多就行”，俨然成了一个“双重标准者”（对语文和其他科的要求标准截然不同）。那个时候，我的语文成绩常常在100～110分之间，甚至有一次刚刚及格，即使这样我仍然没将语文成绩的提高放在心上。然而，在一次考试中，我发现，我的语文成绩对总分的影响愈发明显。我意识到我的总成绩难以突破瓶颈，原因在于平平的语文成绩拖了后腿。于是我决心提高语文成绩，寻找各种提升语文成绩的方法，并以实际行动来实现我的目标。

我找到的方法

首先，语文是以积累为基础的学科。很多知识是记忆性的、碎片化的。需要积累的知识有成语、文言实词、文化常识、作文素材等。我买了很多本关于文化常识的“掌中宝”书便于随时记诵，还准备了一个厚厚的语文素材积累本，定期买有关作文素材的杂志。

其次，我还买了很多练小题的练习书和练阅读题的练习书。虽然语文成绩单纯靠刷题是不行的，但正确做题毕竟还是有用的。小题可以利用碎片时间练习，阅读题可以用整块时间练习，这种方法也许比做整套试卷效率更高。

最后，我还练字，因为高考作文占分比重很大，而阅卷老师又会很快速地阅卷，所以字的印象分极为重要。字写得好未必得分很高，但字写得不好绝对影响得高分。

我的实际行动

在积累方面，我将成语、文言实词和文化常识积累到语文笔记背面或者随身携带的小本子上；每周读杂志、作文报或者其他书籍，将我认为好的片段或素材摘抄到本子上，一周结束会积累2～3页的素材。早上和中午的朗读时间，我会拿出我摘抄的素材本大声朗读；跑操前，我也会拿出它来背诵；在难得的休息时间，我也会拿出作文素材本翻看，权当课余放松。

在做题方面，我首先端正了对语文作业的态度，认认真真，而不是像以前那样敷衍地完成语文作业。其次，我利用碎片时间练习小题，力求提升选择题准确度，积累语文题答题技巧。利用整块时间做阅读题，做后反思，整理比较典型题的答题思路。不过，我要在这里插一句，积累答题技巧固然很重要，但做好阅读题最重要的还是读懂文章。

在练字方面，我们班每天会布置练字作业，我会坚持认真地练，最后果然进步很大。大家要相信，只要态度认真，坚持努力，字都能练好。

练好阅读、作文，但求稳定

如今高考语文的选择题很多，即使我们平时练习得也很多，但还是避免不了出现失误，而且选择题一旦失误，全分皆丢。因此抓住阅读和作文的分数就显得尤为重要。拿我自己来说，我高考语文选择题其实做得很糟糕，错了5道，这就扣了15分，对完答案我的头“轰”一下，算来算去自己的语文成绩也达不到110分了。但是后来查分的时候，语文却带给我惊喜，最终我的语文成绩是122分，也就是说所有主观题和作文加起来扣了13分。因此，练好阅读和作文，可以给你的成绩上一层“保险”，毕竟主观题的分数相对会比较稳定。

练好阅读

除去论述类文本阅读，阅读题均以主观题为主，包括文学类文本阅读、实用类文本阅读、文言文阅读、古代诗歌阅读。

文学类文本主要有小说和散文，这一类文本最重要的是将其读懂。这就要求我们有一定的阅读量。对初中生来说，应大量进行课外阅读。阅读体裁包括但不限于小说、散文，并应及时进行读后思考。有效的、大量的课外阅读是理解文章的关键，是做好阅读题最坚实的基石。然而，高中生的课余时间十分有限，但我们也应保持一定的课外阅读量，比如利用寒暑假时间进行阅读。当时课外阅读时间少这一问题也困扰着我，于是我想了一个办法—把做阅读题当作一次次课外阅读的机会。我将我遇到的每一篇阅读题都当作培养自己良好阅读习惯、增强阅读理解能力的文章，对每一篇阅读，力求做到读懂并深入思考。这样，渐渐地，读懂文章就不在话下。

实用类文本主要是传记和新闻，要读懂这一类文章不难，其重点是总结答题技巧，学会快速检索、整合信息。

文言文阅读中的文章大多为人物传记。这一部分的重点也是能够读懂、正确翻译文章。首先，我们要读懂课内文言文，并熟记其中的实词、虚词和文言句式等。其次，可以试着翻译一些课外文言文，比如《古文观止》中的文章，先自己试着翻译，再对照书中翻译修改，记下自己没有掌握的文言实词和文言句式等。多积累实词，对读懂文言文至关重要。文言文重在阅读和积累，唯有这样，才能一步步读懂文章，做对题目。

古代诗歌阅读的关键是读懂诗歌和积累对应题型的答题技巧。读懂诗歌首先要明确题材，而题材的分辨和诗歌的答题技巧，老师一定会为大家总结，我们要做的就是将这些内容牢记于心。

练好作文

在我看来，高考作文写作的关键主要有二：一是有东西可写，即素材的积累；二是怎么把这些东西写出来，即如何读懂作文题目，选择立意，组织文章结构并进行语言表述。

前者很容易做到，我们只需准备一个素材积累本，并坚持积累、翻看就可以了。

后者则不太容易有立竿见影的效果。每一道作文题目都有最佳立意、相对稍差一点的立意及更差一些的立意。想准确把握立意，平时就要多练习。在平时的练习中，我们不必每次都写完整的文章，但务必要进行独立思考以确定自己的立意。在写作时，文章结构不必严格遵守某个规则，但一定要保证结构清晰，这样阅卷老师才能在短时间内读懂你要讲什么。语言表述也至关重要，对同一个素材，不同的表述方式效果大不相同，而且写进不同文章时，也应灵活地变动表述方式。在写作中，我比较重视的两点是素材叙述的详略和语言表述的简洁。毕竟，素材的可用部分主要是切合文章主题的部分。因此，这一部分应详细阐述，其他部分则应该简单阐述。另外，因高考作文大多为议论文，因此语言表述切忌拖沓重复。

专项突破，冲刺高分

语文的学习过程是一条漫漫长路，但语文成绩的提高却可以是一个相对来说较快的过程。在进行了如前所述的努力后，我的语文成绩呈稳步上升趋势。从徘徊在及格线的成绩提升到了110～120分，再到突破120分大关，有一次考试竟突破了130分。本以为这样的成绩会一直稳定下去，然而，我再一次经历了语文成绩的波动，成绩跌落谷底，我清晰地记得，有一次我只得了104分。实际上，这样的情况实属正常，语文成绩的提升不是一蹴而就的。经过反思，我认为之前飞速进步的成绩存在一定的“水分”，我的语文成绩还存在着很多薄弱环节，需要各个击破。于是，我开始寻找并突破自己的薄弱环节。

分析试卷，寻找薄弱环节

每次考试或练习整套试卷后，一定要善于分析总结，要对自己每一部分的得分做到心中有数。比如，自己选择题的得分情况，若你的目标成绩是115分，那就应把选择题的错误数控制在3个以内。如果某次考试错了4个选择题，你就要意识到，在选择题这一部分，你没有达标。总结的次数多了，那你就会对自己每一部分大概的得分情况有一个初步了解。再与你的目标成绩作对比，就能发现薄弱的部分，或者说有提升空间的部分，之后就可以进行专项突破了。

专项突破，击破弱点

有一段时间，我很大的一个弱点是论述类文本阅读。三个选择题的论述类文本，我经常一错就是两道。于是我调整了当时我的语文学习计划，以做论述类文本为主。每做一道，一定要写上成绩，反思自己做错题目的原因。有侧重地练习，这样才能更有效地提高成绩。然而，成效不一定能立刻体现在成绩上，考试中，这一部分失分情况可能仍保持原状甚至出更多错。比如当时，我经过一段时间的努力后，竟然在考试中连错三道。这样的情况是正常的，毕竟考试存在很多偶然因素。我们不必灰心，学习语文，切忌急功近利，一定要认识到语文的学科特点，坚持学习，不放弃，才能看到成绩。

语文是我一直以来的短板，在高二、高三时，我的语文成绩真正实现了“逆袭”。回想当初，我中考语文成绩仅为84分（满分120分），当时的我怎么也想不到，语文有一天竟然不再是我的短板，甚至成为助自己圆梦燕园一臂之力的学科。大家应该都懂得木桶效应，我的亲身经历也印证了这一点，最薄弱的学科，往往决定你是否能考上理想的大学。而很多同学也许跟我一样，被语文成绩拖后腿，却没有给予其足够的重视。为了让大家少走弯路，我分享出自己的学习经验和一些方法，希望能够对大家有所启发。祝愿大家都能圆梦理想的大学！

学霸阅读笔记

阅读打卡

新的收获

小　结

如何让语文成为高考的优势
——从改变方法开始

王诗语

高考总分：**672** 语文：**129**

毕业于湖北省公安县第一中学

就读于北京大学医学部

语文是重要的交流工具，是人类文化的重要组成部分。工具性与人文性的统一，是语文课程的基本特点。如何让语文成为高考的优势？

了解何为语文＋课内学习＋课外积累＋应试技巧＝提高语文成绩的不二法门

为什么要学习语文

“世界上有一个伟大的国家，它的每一个字，都是一首优美的诗，一幅美丽的画，你要好好学习。我说的这个国家就是中国。”印度前总理尼赫鲁对他的女儿如是说。为什么要学习语文？这是语文教学的基本问题。一方面，从诗经、楚辞、汉乐府，到唐诗、宋词、元曲及明清小说，到近代新文化的萌芽和当代文学的再次崛起，中国文学已有几千年的历史，人的情感也借由文学得到了淋漓尽致的抒发。博大精深的中华文化为我们留下了无数的文化瑰宝亟待我们去发现、继承和发扬。

另一方面，在倡导素养教育、“人”的教育和终身教育的今天，学习语文是为了生活中经常要用文字与别人交流，为了学习、工作的需要，为了人的精神需要，为了人的发展和自我实现。因而，学好语文是我们不得不面对的课程，但是在高中学习中，我们所熟知的语文却成为了让人头疼的课程，分数迟迟得不到提高。如何让语文成为高考的优势？或许可以从改变学习方法开始。

课内如何学习语文

高中伊始，对于语文学习，我一味木讷地延续初中的学习方法，即单纯地靠读、背来丰富语文知识，导致我的语文成绩很不稳定。在总结分析了大量的试卷后，我发现高中语文更多的是考查语文素养和答题技巧。因而我调整了学习策略，最终在高三质检和最终的高考中都取得了120+的不错成绩。针对语文学习和考试的难处，或许以下几点建议能够帮到你。

对于课文知识，很多学生认为学的不考，考的不会。甚至有一些语文成绩较好的同学认为分析课文可以不用听，用来刷题或者扩展阅读更高效。实际上从课本中我们可以学到很多知识，并且运用到考试中。

高中语文课程的“总目标”：积累—整合；感受—鉴赏；思考—领悟；应用—拓展；发现—创新。我们且将课本知识分为现代文、文言文、拓展知识三大部分。

课本现代文。在考试不可能考课本原文的情况下，听现代文的讲解是否有意义？答案是肯定的，而且非常重要。就从作者的角度出发，如果你了解他的一篇文章的特点，在面对同类文章时你可能会更容易理解一些，答题自然也会顺手很多。

如2019年全国卷Ⅰ语文现代文阅读部分，阅读材料为鲁迅先生的小说《理水》第三节（有删改）。《理水》是鲁迅第三部小说集《故事新编》里的一篇。

对这则材料，设置了三个题目。分别是：

1. 五选二多选题。（原第7题，略）
2. 鲁迅先生说“我们从古以来，就有埋头苦干的人，有拼命硬干的人，有为民请命的人，有舍身求法的人”，请具体分析作者是如何塑造这些“中国的脊梁”的。（原第8题）
3. 本文选自鲁迅先生的小说集《故事新编》，请从“故事”与“新编”的角度分析一下这篇小说文本的基本特征。

在高中课文中我们学过鲁迅的《纪念刘和珍君》《祝福》《拿来主

义》。其中《祝福》与《理水》的文章问题和描写手法十分类似，认真赏析过原课文并了解鲁迅性格和文章的学生将更容易完成此题。

就提高阅读水平能力而言，课文的作用也是巨大的，平常的阅读题老师不可能用几节课去阐明，但是在学习课文的过程中，紧跟老师的思路，毫无疑问是提高阅读能力的捷径之一。

如《荷塘月色》的课文赏析，从整体到部分，从艺术特色到语言魅力，在课堂中有经验的教师们都会一一详解，从中提炼答题思路和阅读技巧。通过品赏课本文章(在这里是散文)的一般作法、特殊技巧和语言艺术，学生能学会赏析写人技巧，如刻画人物的外貌，描写人物的心理活动；赏析叙事技巧，如与人物相关的材料的详略安排，叙述的先后次序，记叙、描写、议论、抒情……以及其他一些技巧，如修辞方法、白描、渲染、直抒胸臆、正面描写、侧面描写……课文的语言艺术，也是在学习中要着重揣摩和赏析的。

课本古文。古文可分为诗歌和文言文。就诗歌而言，默写题和诗歌鉴赏题都需要对必背篇目有着详细的了解和引申能力，此处略去后面还会提到的诗歌考题如何得分的问题。

就文言文而言，很多同学忽视字词盲目地背诵文章和翻译，这对考试分数可能没有太大助力，纵使你将《出师表》《逍遥游》《琵琶行》《赤壁赋》等倒背如流，在考查司马青衫的典故时可能还是不知所措，在提及文、武赤壁时也会含糊其词。故学习古文，需要的是细心和耐心，单单记住原文和翻译无异于舍本逐末。无论是必背还是扩展的文言文，每一句的典故和文化常识都值得去琢磨和记忆，有时甚至可以作为素材运用到作文当中。

课本拓展知识。这个部分囊括了表达交流、梳理探究、名著导读部分。在考试中的运用主要见诸写作和语言表达题，考法多样且常常推陈出新，但重在掌握好知识，可以用笔记本记录下来重要知识，方便今后的检索和复习。

课外如何提高语文素养

语文的核心素养，主要包括了“语言的建构和运用”“思维的发展和提升”“审美的鉴赏和创造”及“文化的理解和传承”四个方面。这要求我们既有逻辑思考、形象思维和审美的能力，还要学会表现和创造文化。有着较好的语文素养，在文章理解题和作文中都能取得很大的优势。那怎样迅速提高语文素养呢？阅读。如雨果所说：书籍是在时代的波涛中航行的思想之船，它小心翼翼地把珍贵的货物运送给一代又一代。在此仅按需推荐适合高中生的书籍。

关于思想修养的书（适合直接引用）：

1.《论语》《孟子》《老子》《庄子》

2.《菜根谭》《傅雷家书》

3.《人性的弱点》《乌合之众》《简·爱》《培根随笔》

关于文学修养的书（适合提升语言水平）：

1.《楚辞》《诗经》《李白诗选》《泰戈尔诗选》《人间词话》

2.《雷雨》《边城》《围城》《活着》《平凡的世界》

3.《文化苦旅》《千年一叹》《林清玄散文集》

名人传记（适合举例）：

《名人传》《富兰克林自传》

时文报刊或杂志：

《青年文摘》《文学报》《名作欣赏》《咬文嚼字》《看天下》

有的老师比较反感图片和趣味部分较多的《看天下》，但我认为这是一个很不错的杂志，评论中肯且紧跟时事、报道及时，不像某些订阅的作文报或素材报将去年甚至是前几年的新闻反复叙说。

有了更多的阅读量，还要勤做摘抄和及时记录自己的感想。如有需要的话，也可以购置整合版的素材书或者摘抄集。

如何应对语文考试

我们且将语文考试题型（全国卷）大致分为阅读题、古文题、语言文字运用题、作文四大类，并按顺序来进行分析。

一 阅读题

具体又可分为论述类文本阅读、文学类文本阅读和实用类文本阅读。作为考试的第一道大题，论述类文本阅读，它的难易往往影响着学生的心情，并且着重考查学生对细节的仔细程度和对全文结构的把握能力。在早期阅读训练中，我也常常三题全错或者仅对一题，实践证明，这种题目可以通过刷题来提高正确率，但在做题后一定要养成反思自己为什么错，错在哪，下次怎么改正的习惯（目前仍有问题并经常在考场为此题浪费很多时间的同学可以将做题顺序暂时先调整一下）。

- **分析文章的表现手法**：记叙文常用的表现手法有：对比烘托法、欲扬先抑法、象征手法、借物喻人、情景交融等。
- **分析文章的语言特色**：记叙文在语言的运用上有两种类型，一是朴实无华，二是优美生动。分析时应把握不同类型的语言特色，还要结合作者的感情和态度。可从下列语句中选择：朴实无华、形象生动、清新优美、简洁凝练、准确严密、精辟深刻、通俗易懂、音韵和谐、节奏感强。注：必须结合具体语句分析。
- **描写分为哪几种？**
  - 正面描写、侧面描写（借他人之口对对象进行描写）
  - 环境描写、场面描写、细节描写（对某些细小的举止、行为或细微的事件、细小的景物片段作仔细的描绘）
  - 人物描写（外貌描写，语言描写，动作描写，神态描写，心理描写）
- **某句话在文章中的作用是什么？**
  - 结构方面：总领全文、总结上文、为下文作铺垫、引起下文、承上启下、线索、照应前文
  - 内容方面：点明中心、深化主题（需结合具体内容来讲）

可以从以下几方面分析
- 分析文章的题目
- 分析文章的开头
- 分析文章的结尾
- 分析文章的抒情议论段落
- 分析写作背景和写作意图

文学类文本阅读和实用类文本阅读：做题技巧+合理分析=高分。

可以在网上或者教辅资料中查找阅读题常考题型和手法并熟记（注意：只答术语不分析会压低所得分数）如：

写作手法及作用
- 拟人手法－赋予事物以人的性格、思想、感情和动作，使物人格化，从而达到形象生动的效果。
- 比喻手法－形象生动、简洁凝练地描写事物、讲解道理。
- 夸张手法－突出人或事物的特征，揭示本质，给读者以鲜明强烈的印象。
- 象征手法－把特定的意义寄托在所描写的事物上，表达了作者的情感，增强了文章的表现力。
- 对比手法－通过比较，突出事物的特点，更好地表现文章的主题（具体）。
- 衬托（侧面烘托）手法－以次要的人或事物衬托主要的人或事物，突出主要的人或事物的特点、性格、思想、感情等。
- 讽刺手法－运用比喻、夸张等手段和方法对人或事物进行揭露、批判和嘲笑，加强深刻性和批判性，使语言辛辣幽默。

二 古文题

分为文言文和诗歌两大类。

1.文言文：断句题、文化常识题、理解题、翻译

文言文的考查看似毫无规律甚至被认为是刁难同学的题，实际上熟练掌握课本文言文的知识后是很容易得分的，想进行辅助性的学习可以购置《文言文常考字词》这类资料。

对于分值较高的句子翻译题常规做法:翻译句子应该在直译的基础上意译。首先，在草稿上把关键的字词的意思解释出来(直译);然后,将句子的大致意思写出来(意译)。

在翻译句子时需要注意以下几个问题:

（1）年号、人名、地名、官名、物名、书名、国名等专有名词保留原样,不用翻译。例如:“庆历(年号)四年春,滕子京(人名)谪守巴陵郡(地名)”。可把这个句子译为:庆历四年的春天,滕子京被贬了官，做了巴陵郡的太守。

（2）句子中没有实际意义的词语应删去。例如:“陈胜者，阳城人也”。“者……也”表判断，无义，翻译时应删去。可把这个句子译为:陈胜是阳城人。

（3）文言文中有些特殊句式(如主谓倒装、宾语前置、状语后置等倒装句)和现代汉语的语序不一样，翻译时要作适当调整。例如:“甚矣,汝之不惠(主谓倒装)!”可把这个句子译为:你也太不聪明了！或译为：你的不聪明也太严重了!

（4）如果翻译省略句，需要把被省略的成分增补出来。例如:“乃丹书帛曰‘陈胜王’(省略主语)。”则翻译时应补上主语。

2. 诗歌：选择题+赏析题

选择题只要把控作者的思想感情和采用的手法通常难度不大，故此处仅举1种赏析题的类型强调掌握技巧的重要性：

诗歌塑造了什么样的形象？

（1）用高度概括的语言来概括诗歌塑造了什么形象。

诗歌中常见的人物形象有：不慕权贵、豪放洒脱、傲岸不羁的形象；心忧天下、忧国忧民的形象；寄情山水、归隐田园的隐者形象；怀才不遇、壮志难酬的形象；矢志报国、慷慨愤世的形象；友人送别、思念故乡的形象；献身边塞、反对征伐的形象等。

（2）结合诗句中相关的语句具体分析这一形象的特征，概括时应忠于原文，不可臆造。

（3）结合诗人的人生经历或诗歌的创作背景分析诗歌中的人物形象对诗歌表情达意所起到的作用。

三 语言文字运用题

套路题，摸清规律即可。

四 作文

作为试卷的重头戏，作文通常需要留下40~60分钟来完成。近年来新材料作文和任务驱动型作文的兴盛给审题和立意加大了难度。想写好一篇作文无论时间有多紧张，审题都要仔细，切忌先入为主和过度联想。然后再开始构思和提炼中心句（好的中心句是加分项），如果不擅长这些的同学可以多阅读近几年的高考作文。

标题：运用修辞手法或套用好的模板和诗句能迅速脱颖而出。如《苔花如米小，也学牡丹开》《掬水留香》《伟大是卑微的蜕变，卑微是伟大的繁衍》（对偶手法）、《点一盏心灯期待诚信》……

结构：并列式、对照式、层进式……三者各有优势。

分论点：尽量想出对仗且富有哲思的分论点（2—4个为佳）。

如：中心论点为“做一个真正的英雄”。

分论点1：真正的英雄是在危难时刻挺身而出、在道义式微时铁肩担当的侠者与义者。

分论点2：真正的英雄是在重压之下挺直腰杆、在狂风暴雨中执着前行的强者与勇者。

分论点3：真正的英雄是在社会动荡时上下求索、在功成名就后保持自我的知者与智者。

分论点4：真正的英雄是在身处江湖时传播仁爱、在身居庙堂时坚守清廉的仁者与廉者。

这三年的学习中，你可以在语文的世界中遇见太多太多的人。你可以看李白醉卧蒿野，与杜甫掩卷共泣，再和辛弃疾征战于疆场，听琵琶女在船坞中说一段青春愁思。尺牍书疏，千里面目。只要坚持不断的积累和运用，在六月的某一天，你就将收获满意的答卷。

学霸阅读笔记

阅读打卡

新的收获

小 结

高中三年数学成绩居高不下
我是怎么做到的

刘丝雨

高考总分：650　数学：147

毕业于安徽省合肥市第八中学

就读于北京大学法学院

数学成绩稳定在上位圈的要诀是什么？

课本知识烂熟于心 → 高质量的题海战术 → 好题错题的日常积累 → 同学之间的心得分享

端正心态

在某一特定领域内，必然会存在有人擅长有人不擅长的现象。首先，希望大家明确每个人都有优势与劣势、擅长与不擅长的东西。在中学学习中，绝大部分同学不可能做到每门学科都取得顶尖的成绩。因此在这个过程中，大家一定记住不要给自己过分施加压力，尤其注意不要产生“数学成绩上不去，高考总分肯定高不了”的错误想法，这样反而会在考试中因过度紧张而无法发挥出自己的真实水平。“天才就是1%的灵感，加上99%的汗水。”没有人一出生就会解答数学压轴大题，都需要不断地练习与积累，要相信通过自己的努力一定能够取得不错的成绩。况且一套数学试卷里，基本上有85%甚至以上的题目是难度相对较低的，数学远没有大家想象的那样难以攻克。

还有一种在我看来比较普遍的现象，就是很多家长似乎认为孩子学了奥数或者参加了数学竞赛就能在高考数学中取得很好的成绩，同学们可能也会有这种想法。其实并不是这样的，我没有接触过奥数和数学竞赛，数学成绩不仍然名列前茅？高考数学中的很多定理、公式等在平时的课堂教学中都会涉及，大家大可不必花费过多时间在竞赛题中。当然，如果对数学存在浓厚的兴趣，想要研究一些有趣的题目也是可以的。

另外，心态在学科学习中是非常重要的，不仅仅是数学一科。通俗来说，“困难像弹簧，你强它就弱，你弱它就强”，要在战略上藐视敌人，战术上重视敌人。把高考看作一场战争，作为主攻力量的我们一定要对自己信心满满。

高效学习数学的四大秘诀

一　书本是基础

很多同学，包括我自己，在解答数学题时常常会出现不知道该用什么公式或定理的情况，出现这一问题的一个重要原因就在于对公式和定理理解得不够透彻。在这里不得不提到很多同学存在的一个理解误区：认为只要把公式定理背得滚瓜烂熟就能完美地运用它们去解题了。然而实际上并非如此，相信很多同学也有所体会，明明已背下所有公式，但是在解题时偏偏不知如何运用，看到答案后才恍然大悟。为了改善这种情况，就需要我们把公式的来龙去脉搞清楚，“知己知彼，百战不殆”。某一特定公式是如何推导出来的？这一公式有什么变换形式？而这些内容正是书本的重要部分，也都是需要我们掌握的。举一个简单的例子，等比数列的求和公式为$S_n=\dfrac{a_1(1-q^n)}{1-q}\ (q\neq1)$，人民教育出版社的教材中对它的推导过程如下：

一般地，对于等比数列$a_1,a_2,a_3,\cdots,a_n,\cdots$，

它的前n项和是$S_n=a_1+a_2+a_3+\cdots+a_n$

根据等比数列的通项公式，上式可写成$S_n=a_1+a_1q+a_1q^2+\cdots+a_1q^{n-1}$ ①

我们发现，如果用公比q乘①的两边，可得$qS_n=a_1q+a_1q^2+\cdots+a_1q^{n-1}+a_1q^n$ ②

①、②的右边有很多相同的项，用①的两边分别减去②的两边，就可以消去这些相同的项，得$(1-q)S_n=a_1-a_1q^n$

当$q\neq1$时，等比数列的前n项和的公式为$Sn=a_1(1-q^n)/(1-q)$ $(q\neq1)$

因为$a_n=a_1q^{n-1}$，所以上面的公式还可以写成$S_n=(a_1-a_nq)/(1-q)$ $(q\neq1)$

由上可见，书本中对公式的推导过程是非常详细的，掌握公式的推导过程对更好地理解与运用它有很大的好处。此外，在上述过程中，书本还提及了“因为$a_n=a_1q^{n-1}$，所以上面的公式还可以写成$Sn=(a_1-a_nq)/(1-q)(q\neq 1)$”。这一变换形式与直接得出的推导公式同样重要，掌握不同的形式能够帮助我们更加高效地解题。

此外，掌握公式的推导过程还能够很好地帮助我们应对在考场上忘记公式的窘况。大家不要觉得自己不可能出现这种问题，在考场高度紧张的状态下，低级错误是非常有可能出现的。如果大家知道具体公式是如何推导出来的，那么就算突然忘记也不必慌张，在考场上推导出来即可。

除了推导说理的部分，课本中还有一些很有参考价值的例题，虽然难度普遍比较低，但切记不可因此而对其不屑一顾。这些例题往往是对公式、定理的直接运用，大家不妨花费一些时间了解一下例题的思路，这对于攻克更高阶难度的题目可以起到奠基作用。

综上可知，书本在数学学习中其实是很重要的。那么什么时候看书呢？以我为例，课前预习书本是自然的，但是除此之外，在课后做练习题时，如果发现某一题中不会正确使用某一个公式，那么我会再次回归书本，把书本上的推导过程与例题再巩固一遍，同时检查自己对该公式的理解是否存在偏差。

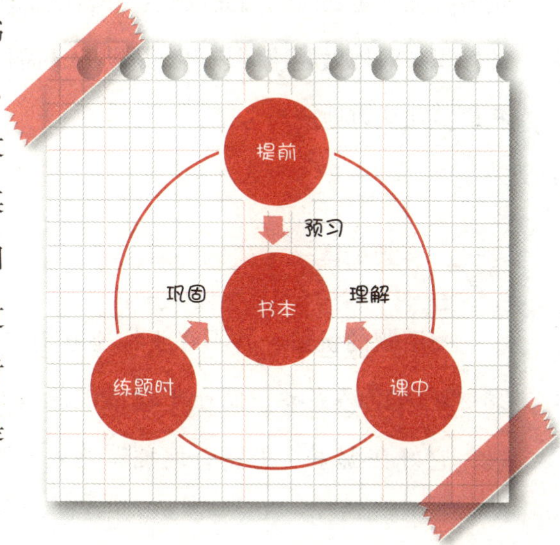

二 “优质的”题海战术

提到数学怎么学，很多同学的第一反应就是刷题刷题再刷题。确实，学好数学的确需要做一定量的练习题，仅限于靠老师布置的作业是不够的。很多同学会选择自行购买教辅图书，但是，做什么样的题也是有讲究的。对于参加高考的学生来说，最有价值的题目莫过于往年的高考真题，但这些真题更适合在最后的复习阶段拿来练习。那么平时的学习过程中该刷什么题呢？市面上的教辅资料不胜枚举，我的建议是选择更加权威、更新时间快的教辅资料，这样的习题质量更有保证，错题少，且题目难易安排会更加合理。

知道了刷什么题后，大家就会开始关心怎么刷题。我的做法是，每当学习完一个课时的内容，就在完成老师布置的作业后自行做一些相应模块的习题，这是单个课时的练习。每当学习完一个单元，我会找一整套关于这个单元的试卷，在周末或者时间较充裕的自习课练习，给自己定时，在规定的时间内完成试卷并自己批改、订正。这对巩固整个单元的知识与锻炼做题速度是很有帮助的，而且模拟测试的方式还能够帮助我们更加从容地应对考试。

三 好题与错题的积累

一道题的价值，并不在于你能够把它做对，或者做错后将错误答案更正为正确答案，而在于对错误原因或解题过程的分析。一道好题，它好在哪里？思路有何独特之处？而一道做错了的题目为什么会错？有什么不易察觉的“陷阱”？如何避免同种错误的再次发生？这才是我们应该关注的重点。因此，好题与错题的积累就显得至关重要。

养成整理错题与好题的习惯。

高一时，我的数学老师就非常强调错题的整理，他告诉我们，仅仅在试卷或教辅书中更正错误答案是不够的。试卷或教辅书难以长时间保存，丢了之后那些错题也就找不到了，对于一些错误原因或者错误题型相同的习题，我会用单独的错题本把它们整理在一起，将薄弱题型类型化，以便后续的巩固与提升。整理错题的关键是建立一套属于自己的个性化的错题系统，通过整理错题，我们能够对自身的学习情况有一个更好的了解。

除了错题，在平时的考试、作业与练习中，我们一定会遇到一些思路很巧妙的好题，这些题我们不一定会做错，但仍然有一定的整理价值。通过对这些好题的积累，我们可以拓展自己解题的思路，将来做题甚至是高考中能遇到同类型的题目也说不定。

积累好题与错题在我看来是非常重要的，高中三年我总共整理了四大本非常厚的题目，这些对我来说是非常宝贵的财富，也承载了我高中时的学习记忆。

如何整理错题与好题。

高中时数学老师要求每周上交“错题＆好题”本，我作为数学课代表常常会帮助老师检查同学们的错题＆好题本。在这一过程中，我发现有些同学的整理方法就是简单地把题目和正确答案抄在本子上，他们的本子看起来非常干净整洁，但让人觉得极其敷衍。我认为错题&好题本是用来总结自身错误并积累好的思路的，整理方法也应该服务于这一最终目的。整整齐齐地把题目和答案抄下来看着确实“赏心悦目”，但它很可能因为过于“平平无奇”而起不到任何警醒作用。我整理题目的宗旨是怎么引人注目怎么来。我会用各种颜色的笔、各种符号对题进行标注。黑色笔抄题目，蓝色笔写正确过程，重要步骤用红笔写，对一些容易出错的地方在旁边用另一颜色的笔进行批注。另外，在整理时，我强烈建议大家将同一模块的内容放在一起，比如函数题用一个本子，几何题用另一个本子，这样更加清晰，便于总体复习。

时常翻看“错题&好题”本。

长时间积累题目之后，你会得到一本比课本、笔记、教辅等都更加宝贵的复习资料。在考试之前翻看过去整理的题目，可以提醒自己哪些地方容易犯错误。时间充足的情况下，还可以把积累本中的题目再做一遍。这些题目都是长年累月、精挑细选留下的题目，再次回顾这些题目比做新题更有用。

如何提高整理效率？

有些同学可能会觉得这样整理题目有些大费周章，因此我想分享一些能够帮助大家提高整理效率的小建议：

一是用大且厚的活页本。活页本能够随意插入纸张，便于将同类型或同种错误的题目整理在一起，用厚的本子能够避免经常更换本子，便于回顾。

二是将错题多的数学试卷重新复印一份，直接将错题撕下来贴在本子上，避免抄写题目耗费大量时间。

三是犯了低级错误的题目不必再整理在本子中，可以将注意事项写在显眼处以提醒自己。

四 在分享中学习

高三时，班主任交给我一项令我感到极具挑战性的任务，那就是在每天自习课前花费20分钟的时间与全班同学分享一两道好题。起初我感到非常困难，不善言辞的我不知道如何讲解才能够让全班同学都听懂我的思路。但后来经过长期的分享，我发现我的思路越来越清晰，越来越多的同学能够听懂我讲题了。在这个过程中，为了能让别人理解，我首先需要保证自己思路的清晰性，自身的逻辑自洽是最关键的。同学们不妨也尝试着给别人讲解题目，可以是自己的同桌或好朋友，这样一来，你会发现你的思路与表达能力都能够得到提升。

学霸阅读笔记

阅读打卡

新的收获

小 结

把握课堂、善用课余——数学取得高分不是梦

李　爽

高考总分：682　数学：144

毕业于喀左县高级中学

就读于北京大学城市与环境学院

课内——高质量完成老师布置的所有任务
课外——完成课内任务的基础上，增加课外训练
瓶颈——分析症结所在，适时调整

曾经，我也是一名数学成绩平平的学生，中考时数学仅考了90多分（满分120分）。为了提高成绩，我做了很多努力，但数学成绩的提高不是一蹴而就的，在经历了很多个阶段的摸爬滚打之后，我找到了一些学习数学的技巧，积累了一些经验。最终，取得了令自己满意的成绩。

稳扎稳打——匀速前进阶段

一 掌握基础知识

刚升入高中，我应老师的要求准备了一个笔记本，课上认真记笔记，课后补充整理笔记。这一点我做得十分认真，比如在学立体几何时，我们学习了很多判定定理和性质定理。很多同学一到课后就忙于做作业，而我对基础知识掌握程度的要求比较严苛，除非理解透彻并记牢，否则我是不允许自己一开始就做题的。于是，我利用课后时间补充课上没能记完整的定理，边记边理解，在完全理解透彻后，我才开始做作业。这样做看似比别人速度慢很多，是一种“很笨”的做法，但我深谙牢牢掌握基础知识对今后的学习是十分有益的。记得在一次立体几何专项测验中，我拿到了全班最高分，这更加坚定了我一定要将定理内容烂熟于心的做法。甚至在高三做模拟卷的时候，我仍然受益于我牢固的基础知识，看到题目，我的脑海中立刻能完整地浮现出各个定理，并能迅速搜寻到题目中所涉及的。

我的数学成绩稳步上升，从第一次考试的130分逐步提升到135分，在一次期末考试中还取得了139分的成绩，成为数学单科全校第一名，这对当时的我来说已经是一个很不错的成绩了。

二 认真完成作业

在高一，我对数学这一学科奉行的另一原则就是认真完成作业。当时，我没有做很多课外习题，每天基本上是仅完成老师布置的作业。做题不在多而在精，其实很多时候，老师布置的作业就已经覆盖了考试要求的大部分题型。做作业时，我全神贯注，力求独立完成，甚至达到一种“全世界只有我和题目”的境界。每一道题我都认真思考、独立完成，遇到实在不会的题目，我会求助于老师或与同学讨论。

数学要想取得高分是完全有可能的，但也不是一件那么容易的事。首先，你要能够独立想出做题的思路；其次，你要顺着正确的思路正确地完成每一个步骤—这是以扎实的基础知识和缜密的逻辑思维为前提的。基础知识的重要性前面我已强调过，就数学这一学科而言，培养良好的数学学科核心素养也是做对习题的必要条件。其中很重要的一点就是要有缜密的逻辑推理思维，将题中所有情况考虑周全。这是在平时的训练中慢慢积累起来的。刚进入高中时，我做题经常马马虎虎，而我的同桌与我截然相反。在她的影响下，我做题的态度变得更加严谨，加之对自己的严格要求和日复一日的训练，我的数学素养逐渐提高，数学成绩也慢慢稳定下来。

加速进步——大量“刷题”阶段

渐渐地，我的做题速度提升了，老师布置的作业已满足不了我的需求，我开始随着老师的讲课进度做对应章节的课外习题。虽然课外习题里有很多题型与老师布置的有所重复，但我还是能见到很多新题型，或者是在经典题型上延伸、改编的题目。总之，多做题有利于开阔我们的视野，提高我们的解题能力。“刷题”的作用，在数学这一学科中表现得尤为突出，我们“刷”得越多，就越游刃有余，也许开始会感到有些艰难，但随着“刷题”量的增多，我们对各类题型的掌握也就越来越扎实，甚至能一眼分辨出这道题该用怎样的解题思路，出题人又给我们设置了什么样的陷阱。这个过程，是一个从量变到质变的过程。

面临瓶颈——调整策略阶段

高二时，我的数学成绩已经比较稳定，也养成了良好的“刷题”习惯。然而，在高二升高三时，我的数学成绩突然下滑，其中一次暑期测验的成绩仅为99分。这时的我，基础知识已经比较扎实，做题数量也不少，然而成绩却不尽如人意。这令我十分苦恼，于是我开始分析其中原因，并一步一步地解决问题。当时的经验，我想对大家来说最有用的就是以下四点。

一 做题习惯

高一时，我在这一点上做得很好，每一道题都认真对待，不急不躁。但当进入大量“刷题”阶段后，我过分要求做题数量，追求做题速度，因此做题时非常急躁。看到自己之前做过的某一类题，便不假思索，甚至题都没看清就提起笔来答题，沉浸在自认为流畅的解题过程中。当时数学作业一发下来，我就抓紧利用下课时间写一道，急于在卷子上的空白处填满我的墨迹，仿佛快点完成作业就是一种胜利。后来想想，我的这种心态不对，失去了“刷题”的初衷。这样下去，我不但很难在“刷题”能力上有新的突破，反而会养成马马虎虎的做题习惯，降低做题的准确率。但做题速度还是要追求的，于是我对当时的自己提出了一个要求。要追求快速完成题目，但要建立在认真审题、完全了解题目所问，并一步一个脚印地将每一个步骤写对的基础之上。就这样，我规范要求自己一段时间后，基础大题渐渐扎实起来，我基本可以保证在这几道大题上不失分了。

自始至终，我对自己的一个做题习惯是十分满意的，就是我的做题步骤总是写得比较完整，几乎没有在这方面吃过亏。这一点得益于我对基础知识的掌握。记得有一次考试，全班很多同学都忽略了立体几何第一问的一个步骤，而我的步骤依然完整，因为我在做题时，能检索自己脑中完整的知识体系，如此完整地写下步骤几乎是水到渠成的结果。从这一点也能看出，牢牢掌握基础知识能让我们有一个更好的做题习惯，保证做题步骤的完整性。

二 对待错题的方法

整理错题对数学的重要性不言而喻。我有过很多种整理错题的方式，也参考过很多学长学姐的经验，但其实，整理错题不一定要做错题本，如何整理错题全凭个人习惯。有的人将错题摘抄到错题本上，解决后将这些纸撕掉；有的人将错题剪切，放到试卷袋里，解决一道就扔一道。刚上高中时，我用手抄错题结合剪切的方式来整理错题。然而，随着我做题数量的增多，错题也越来越多，错题的整理进度难以跟得上做出“错题”的速度。于是我在高二开始转而收集试卷，将试卷上的错题用红笔标出，并将带有错题的试卷收集到一个试卷袋里，供复习使用。

当完成作业和自己的习题后，我会拿出试卷袋复习错题。到高三时，习题愈来愈多，而且这一阶段我已对自己常犯的错误心中有数，不会的题型也越来越少。为了适应那个阶段的学习节奏，除了我认为特别重要的错题外，其他错题做后反思一遍即过。毕竟，高三面对的习题数量很多，错过的题在以后的做题过程中极有可能再次遇到，这样就有了很多次加深记忆的机会。

虽然大家对错题的处理方式各异，但关于错题最重要的一点是整理后一定要复习，不然等同于没有整理，还不如靠大量“刷题”不断加深记忆。复习错题，弄懂错题，有时比做新题更重要。我之前也困扰于没有时间整理错题，但其实只要有复习错题的决心，时间都是能挤出来的。

三 对待难题的方法

若满足于130分以内的成绩，我们几乎可以不做或少做难题。但若想拿一个比较高的分数，则一定要做难题。

拿高考来说，普遍意义上的难题就是选择、填空的最后一道题和解析几何、导数的最后一问。但一道题是否可以被冠以“难题”的称号因题而异，更因人而异。因此，所谓难题，都是对自己来说的。我将可以被定义为难题的题目分为三类：

第一类，完全没有思路。这种题往往与自己的能力有一定差距。如果思考一定的时间后我们还是完全没有思路，可以对照答案做一遍，若还是不能完全理解，就应将其先放一放，在题目与我们的能力差距还很大时，学会放弃也是一种睿智。若是对照答案做后可以理解，也应该考虑这道题与我们的能力是否相匹配，然后再决定是标记后复习还是果断地放弃。

第二类，看到题目有思路，但思路不完整。遇到这种题我们大都是卡在某一步上，看到答案的对应解析往往能豁然开朗。对这种题，应对照答案，找到关键点，即因为哪一步或哪几步没做出来，直接在材料上标记或把这道题目收集到难题集里，以备日后复习。

第三类，能勉强做出来，但过程艰难，耗时较长。这往往是因为我们对与这道题相关的某个知识点或做题技巧掌握不够扎实。毕竟，比较复杂的题目都是由一个一个较简单的知识点或技巧环环相扣而成的。对这种题目，我一般是用红笔标出，有时间就复习一两遍，或是干脆仅做完后反思一遍，尽力让自己记住就好。毕竟，以后大概率还会有加深这种题型记忆的机会。

四 保持“题感”

在达到一定实力后，保持“题感”变得十分重要。如果说考试是一场战役，那么平时练兵的好坏是战役胜利与否的决定性因素。在平时，我们一定要学会找到在“战场”上的状态——一种做题的状态，能明晰题目考查的知识点，并能够很快有明确的解题思路。这种“题感”在备考时很重要，培养并保持良好的“题感”，需要连续不断地“刷题”，唯有大量的训练才能让我们在考场上游刃有余。

回想高中数学学习，就像是一段“逆袭”的经历。对于数学成绩不太好的学生来说，我的经历或许有值得借鉴的地方。成绩的提升不是一蹴而就的，在这个阶段，你可能面临枯燥的训练，可能会遇到瓶颈，但只要找到正确的方法并且坚持不懈地努力下去，就能收获一个满意的成绩。

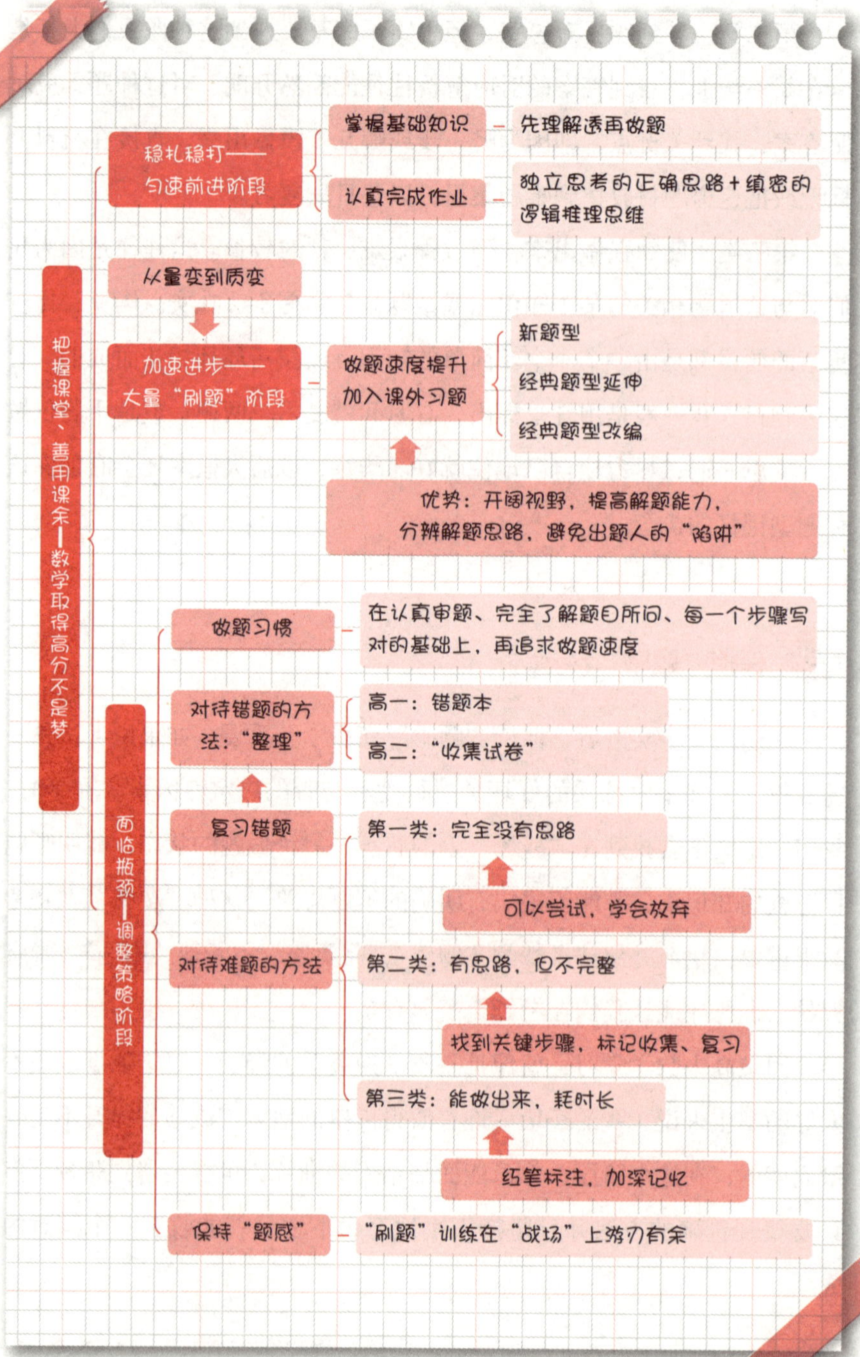
把握课堂、善用课余——数学取得高分不是梦
稳扎稳打——匀速前进阶段
掌握基础知识
先理解透再做题
认真完成作业
独立思考的正确思路＋缜密的逻辑推理思维
从量变到质变
加速进步——大量“刷题”阶段
做题速度提升
加入课外习题
新题型
经典题型延伸
经典题型改编
优势：开阔视野，提高解题能力，分辨解题思路，避免出题人的“陷阱”
面临瓶颈——调整策略阶段
做题习惯
在认真审题、完全了解题目所问、每一个步骤写对的基础上，再追求做题速度
对待错题的方法：“整理”
高一：错题本
高二：“收集试卷”
复习错题
对待难题的方法
第一类：完全没有思路
可以尝试，学会放弃
第二类：有思路，但不完整
找到关键步骤，标记收集、复习
第三类：能做出来，耗时长
红笔标注，加深记忆
保持“题感”
“刷题”训练在“战场”上游刃有余

学霸阅读笔记

阅读打卡

新的收获

小　结

我的英语是如何从120分考到接近满分的

黄宁婧

高考总分：660　英语：148

毕业于江西省上高二中

就读于北京大学外国语学院

高中英语成绩从120分提升并稳定在140+的6大指导思想：

1. 知识点首位原则。2. 考试时答案选最佳。3. 以作者角度思考问题。4. 刷正规题。5. 虚心请教。6. 多用排除法，及时跳过。

在我看来，很多同学在做英语试题时存在这么几个问题：一是喜欢钻牛角尖，一直坚持自己那套错误的观点，无论别人怎么讲解，他都有自己的一套理论来反驳，其实这样不仅浪费了讲题人的时间，也浪费了自己的时间，并且还会把自己那套错误理论不断重复固化，对以后解题有害无利；二是认为英语笔记没有用处，所以对知识点不做整理记忆，只是盲目地刷题，但实际上英语的知识点都隐藏在题目中，不熟悉知识点会影响刷题的质量；三是没有掌握英语考试的技巧，考试时往往被试题带着走，一场考试下来自己云里雾里，对很多试题的作答都没有把握。

其实上述问题也是我在开始学习高中英语时遇到的障碍。当我意识到自己的问题后，我就及时对自己的思路进行了调整，使自己的英语成绩也有了一个质的提升。而帮助我稳步提升英语成绩的正是我总结出来的6大指导思想。

知识点放首位——考试只是用来检验对知识点的掌握程度

知识点在英语考试或者说在任何考试中都是最重要的，所以一定要牢记知识点。我记忆英语知识点的方法就是在早读的时候大声朗读前一天上课学习的内容，如果时间足够充裕，我还会复习一下再早一些学过的其他知识点。我喜欢大声朗读，感觉在朗读的同时还锻炼了听力；但是，也有同学习惯通过抄写的方式进行背诵。背诵方式的选择可以因人而异，但是知识点的充分记忆是必须要做到的。以下是以前在记忆知识点方面困惑我的几个问题：

一 记忆的范围在哪？

答：我在高一的时候喜欢没事就去看一些英文读物，想通过这个途径增加词汇量。所以在阅读的同时，我会把不认识的单词抄在笔记本上，然后逐一去查这些单词的意思。但后来我发现这样做会浪费很多时间：首先，阅读会花费时间（当然，如果你只当作消遣那便另当别论）；其次，摘抄会花费时间；最后，查这些单词再把单词的意思一个个抄在笔记本上又会浪费时间。因此，真心建议大家如果不是实在没事做，就不要把时间花费在那些几乎不会考的单词上了，因为这在浪费时间的同时，也一定程度上减少了你花在其他学科上的时间。

有些同学很喜欢通过在课后去阅读英文材料来扩大自己的词汇量，我觉得学有余力的同学可以这样做，但是对于时间比较紧张且高考在即的同学其实没必要这样做。我高中的时候，记忆知识点的范围就限于老师上课讲的内容和我上课做的笔记，这样，既不容易混淆，又能攻克掉试卷上会考的大多数知识点。所以，大家要给自己界定一个清晰的知识点记忆的范围——就是老师所讲的内容及自己在试卷上经常遇到的内容。

二 记忆到什么程度？

答：最好是能够当老师提到一个单词的时候，你能联想到老师教过的它的词性，以及相关的所有的变形、词组和搭配。有些人可能觉得这种程度根本不可能达到，但是我高三的时候确实能够做到这样（虽然现在忘得差不多了）。所以，只要不断地复习，一定能将知识点背得滚瓜烂熟。达到这个程度以后，就可以专注于刷题了。充分记忆知识点的好处最能够体现的题型就是填空和改错，基本这两个题型可以做到不扣分。

三 要花多少时间、什么时间来记忆？

答：我记忆英语知识点的时间主要是在早读。我很少会额外花课后时间去记忆，除非是在做题时碰到实在回想不出来的知识点，我会翻翻笔记本。因为早读的时间已经足够把近两天学的内容巩固一遍，所以一定要充分利用早读时间，不要在读书的时候开小差。而且我建议最好不要在晚自习的时候去记忆，原因很简单，上了一天的课，大脑几乎处于饱和状态，身体也或多或少会疲乏，如果在这个时候去记忆英语笔记，很容易跳过背书的环节，直接睡着。

英语考试选择的是最佳答案而不是正确答案

英语学科的考题虽然多数是根据文章来做选择，但相对而言还是带有一定的主观色彩。因为用任何一个选项去解释的话其实都有一定道理，所以你硬要去解释的话其实也解释得通。而出题者也很少会出显而易见的错误选项，所以，与其说我们英语考试最终要选择的是正确答案，不如说我们选择的是最佳答案，即通过比较各个选项，最终选择出一个最符合题意的答案。

所以，我做英语试题的时候，关注的往往是选项的错误之处，如果每个选项都有相对瑕疵的部分，我就会去比较哪个瑕疵更加关键，哪个错误更容易作为出题者所设置的出错点。因为就算是高考题，也可能出现正确选项也有一定的瑕疵，所以我们不要放大选项的错误之处，理性比较各个选项。

而且，很多人在英语考试的时候经常看到一个选项，觉得这个选项有一点点瑕疵，就将这个选项判断为错误的，我认为这种做法不可取。我们做英语题的时候应该存疑，不要轻易判断一个选项是对的，同时，也不要轻易判断一个选项是错的，除非有足够的依据。

判断作者的感情倾向
——站在作者的角度思考问题

在做阅读、完形这类题型时，我们读完一篇文章下来，会有一个总体印象，即作者是怎样看待他所写的这个事物的，是积极，还是消极，还是两者兼备但是更倾向于其中一个？这个总体印象，大概率就能体现文章主旨，而其实高考英语阅读的每一题都会体现文章主旨。所以，在做题时，我们要抛掉自己的观念，把自己当成作者，始终带着作者的想法去做题，有时这样也可以排除一些选项（尤其是存在明显感情倾向的选项）。

刷题要有量，且要刷正规题

当你熟练掌握知识点之后，就可以去刷题了，而且刷题的速度也会很快。

一　刷什么题？

答：我个人是先刷《五年高考三年模拟》（以下简称“五三”），然后再买其他卷子，类似必刷卷这种上面有各个省市模拟题的卷子。因为五三上的题比较正规，涵盖了各个年份的高考题和模拟题。不建议买那些比较偏且小众的习题集，因为不太规范，也存在解题思路比较偏的题目，这可能会影响自己的解题思路。

二　刷多少题？

答：我记得我是在高二结束的那个暑假买了一本英语五三，然后每天做2篇阅读，1篇七选五，2篇完形，1篇填空，1篇改错。前期，阅读只做B、C、D这三种类型，因为A篇多为细节查找题，对锻炼思路意义不大；等B、C、D这三种类型的阅读基本做完以后，我才开始做A篇来锻炼自己的耐心和细心程度。到寒假前后我就做完了五三。之后我们学校进入了高考前的刷题阶段，也没必要我自己去找题目做，所以我只买了一套卷子，每次大考前做一张找一找题感。

其实不同的题型，刷题的形式也要有所不同：阅读、完形这种题型，需要每天刷，找题感，每天刷题的量大概在1到2篇左右；但是填空、改错这种题型需要集中大量地训练，所以我高三会找一个作业比较少的时间段，集中刷这两类题，有时候一次刷30篇左右，让我的大脑反复训练填空、改错会出现的那些情况，这样会形成一个条件反射，看到这个题就大概知道答案是什么。

所以总结一下，题一定要大量刷，在学有余力的时候多给自己找正规的题做。

三 为什么要刷题？

我个人认为刷题的主要目的是找题感，让你做题的时候有一种感觉，因为在我做完五三以后，我基本看到一道题就能知道选什么，以及出题者的出题点在哪里，这种感觉非常微妙，只有在大量刷题之后才能有这种感觉。

同时，刷题也是对你的解题思路的实践。用高考真题检验自己这么多年做英语题积累下来的解题思路，可以说是再合适不过的。不断地去验证并调整你的思路，让你的思路越来越接近高考出题者的思路，这样，高考也只是一次很简单的解题游戏。

永远要虚心向他人请教
别人身上一定会有你可以学的

请教的重要性最能够体现在解题思路和作文这两方面。有时候你看到答案想了很久也没有想到的解题思路，可能同学或者老师的一句随意点拨就能够解答你的疑惑；别人写的高分作文，卷子发下来以后多借过来看看，你也能够学到那些加分的高级用法。

所以，我经常在考完以后，把这次英语考得好的同学的试卷借过来看，看一看他哪里做得好，对比一下自己有哪些地方做得不好；再把他作文中用上的好的词组、句型摘抄下来，这样我下次写英语作文的时候也能用上。而且在我实在搞不懂的时候，我经常会去问同学问题，听听别人的方法，这样你就同时掌握了多套方法。当然，听别人方法的时候也要进行选择，也不能一味地听从别人的想法。

很多同学会认为自己英语已经达到一定的水平，所以不屑于问他人问题。我觉得这种想法并不可取。

多用排除法，及时跳过不确定的题

英语考试像其他任何一场考试一样，很多题是不能一眼看出答案的。所以，在你还不够确定一个题的选项时，最好先排除那些你认为一定不可能的。等整张卷子做得差不多了的时候，再回到那个题，冷静思考。

而且不要在一道题上花太多时间，比如一个阅读题，如果想了4到5分钟还没想出来，那就先看下一题吧，说不定再回头看的时候就豁然贯通了呢。但是，一定要注意不要跳过太多题，我记得有一次月考的英语卷子很难，我看到不是很确定的就跳，导致最后做完一遍时，没做的比做的还多，这样会让考试心态变得不好。所以下次考试的时候，我就算不是很确定，也先圈出一个自己觉得更像正确答案的选项，这样就算最后时间不够，填涂答题卡的时候也不至于慌慌张张，不知道填涂哪一个选项。

最后我想说的是，学习英语的过程，实际上也是一个积累的过程，积累单词，积累语法，积累解题思路等，所以希望大家认真对待每一次刷题，将这个积累的过程当做打怪的过程，最后高考结束，你回过头来会发现，自己已经通关了。就比如说我自己，在我高一被英语虐的时候，怎么会想到自己有一天英语能够考148分呢？

学霸阅读笔记

阅读打卡

新的收获

小　结

英语145分的秘籍——英语如何提分

牛梦莹

高考总分：646　英语：145

毕业于宁夏银川一中

就读于北京大学医学部

英语是一个非常公平的学科。

合理规划时间 → 正确学习技巧 → 好成绩

上课专心要记牢！

要想把一门课程学好，课上和课后一定要两手抓，两驾马车齐头并进，一个都不能少，绝不可以在任何一个上面掉以轻心。首先，我们来谈谈上课时间你需要注意的。

相信老师！同学们应该也已经发现：一般来说，如果你比较喜欢某一门课的老师，那你在上这门课的时候就会比其他课上更加专心，而且由于你是带着极大的热情去学的，学习效率也会相应提高。就算你在这门课程上的成绩不好，因为喜欢，你也会去主动反思自己在这门课程上存在的问题，会自己想着主动去提高，不辜负自己，不辜负老师，这本身就是一件非常积极向上的事情。所以说，兴趣是最好的老师，对喜欢的课程和喜欢的老师，同学们都会抱着极大的热情和耐心。所以，我们要让自己喜欢上这门课程和这个老师。

但是现实生活中，我们并不一定喜欢每一个老师，有的同学甚至会因为讲课方式或者其他方面对老师不信任，然后对其教学能力产生质疑，质疑一旦产生，那对这门课程的学习效果一定是一个打击，因为你对这门课程的信心会下降，对这门课程的学习热情和积极性都会在无意中大大降低。在我看来，既然你的老师能成为你的老师，那他就是经过重重考验被选择的合格的老师，他是能给你传道授业解惑的。而且就算你不喜欢他，也没有多大机会换班了，故既来之则安之，与其产生质疑，不如多些信任，在老师的引导下，按照老师的思路去理解、去思考、去记忆。顺着老师的思路走，老师就会感受到你学习的热情，那么反过来他也会更加满怀热情地教你，这样就对教学质量产生了积极正面的影响。有一些小技巧可以帮助我们更好地进入状态，比如增加和老师的眼神交流，让他知道你在参与、你在倾听；或者用一些面部表情，碰到不明白的地方就大胆表现出来，胆子比较小的可以通过皱眉挠头等姿势让老师注意到你，胆子大一点的可以直接举手提问，其实老师在讲台上每个学生的表情和姿势都能看到，所以他会知道你在这个地方不明白，就会再讲得清楚一些。当你终于明白时，可以点一下头或者做一个恍然大悟的表情让老师知道这个地方可以过了。这样一节课下来，就像在与老师交朋友、做游戏一样，这个过程会变得非常有趣，枯燥乏味的课也变得生动了。我们也在课堂上有所收获，何乐而不为呢？

放学注意自控力！

在放学后，不管是在学校上自习还是在家里写作业，良好的自控能力是必需的，它在一定程度上也代表着你的专心程度。如果你能把控住自己，那么你就可以花更多的时间在学习上，然后慢慢进入学习的理想状态，从而更快更优地完成作业、巩固知识。但是绝大多数同学都会忍不住去玩个游戏、刷个微博，骗自己说只玩十分钟，到最后一个小时过去了还是无法收手。相信对自己成绩不满意的同学，尤其是学习成绩处在中下游的同学肯定都会有这个烦恼。电子产品在多数情况下是一个充满诱惑的拦路虎，让我们的学习效率变低，然后陷入“学习到深夜——睡眠时间减少——上课犯困——听课效率下降——掌握的知识减少——写作业难度加大——学习到深夜”的恶性循环。

针对这个问题，我试过的最好的办法就是列时间表，现在到了大学还在用这个办法，也是最有效的。如果担心自己不能按照计划，可以用手机依照时间表上的时间定几个闹钟，就像学校的上课铃和下课铃一样。当然，下课时间和上课时间一定要留有一定空隙，让自己休息一下，五到十分钟为宜。当然也可以向家长求助，让他们配合你的时间表去提醒你该写作业了还是该放松一下了。这是终极法宝，百试百灵，而且家长也一定乐意去配合的。要有壮士断腕的决心，最好自己主动把手机上交，让自己“被迫”去好好学习。

时间规划要科学！

英语是一个需要大量记忆和背诵的学科，而且通常背得越多效果越好，所以除了上英语课的时间，平时尽量多抽出一些时间来背单词短语。

我相信放学后的家庭作业中难免有英语这一项，可能是抄写单词短语，可能是做练习题。但无论哪种，在做的时候都要全身心投入。这时候环境很重要：一定要安静，不要一心二用，边听音乐边写作业不可取，哪怕是纯音乐也不行。以前，我经常在写作业时听音乐，五道题里错三道也是常有的事，而且还都是些低级错误，同时也浪费了大量时间，所以我非常不提倡这种方式。正确的写作业方法，应该是你在抄单词或者做习题时碰到相关的单词或短语就在脑海中快速回忆一遍，包括它的词义、相关短语以及与其他易混淆单词短语的鉴别，按照如上建议，在做作业的过程中你就已经在无形中把白天学到的知识复习了一遍。

除了写作业的时间，其实生活中很多零碎的时间也是可以挤出来的：比如坐公交车时，你可以拿着自己整理的单词本背上几个单词和短语；洗澡时回忆一下今天学的内容；上厕所时看一篇比较有趣的英语阅读等。时间真的是海绵里的水，挤一挤就有了。每个人的生活状态不同，具体挤时间的方法也不同，上述的小方法是我自己试过且行之有效的方法，因此在这推荐给你们。下面是我高三时采用的时间规划，仅供参考：

时间（段）	应做事项
6:30	起床
早读前	背单词，练听力
中午	午休（四十分钟左右）
午休结束～下午上课前	复习上午所学或预习
晚饭后	写作业
作业写完后	整理笔记、便携英语本、英语卡片等
23:00~23:30	洗漱，睡觉

关于参考教材和辅导班

个人觉得参考教材不用买太多甚至不用买，因为英语的练习题量一般是够用的，买了也做不完，用学校推荐的就好。我在高中时用的是

《世纪金榜》和黄冈系列丛书，感觉还不错，尤其是前者的英语，整理得非常细致且有条理，知识点也很全面，编排非常好，书页的下方还有一些笑话之类的内容，能让我在学习之余轻松一下。

辅导班的话，如果上课能听懂、作业会写，就没多大必要上辅导班，不过要是学校组织的提高班、竞赛班的话，还是非常推荐去上一下的，都是本校有名的老师来讲，值得一上。而且在这种课上一般可以多做几份真题，比其他同学要抢先一步。最重要的是，老师讲的都是课上的一些重点和难点，不会的给你讲会，原来就会的加深一下印象，总不会吃亏的。当然，前提是你得认真去上。

考前抱佛脚

俗话说："临阵磨枪，不快也光。"考试前一天，一定要把自己平时整理的错题本和单词本再翻一遍，平时整理的作文金句、高分短语必须要过一下，不要让时间白白浪费，要相信临阵磨枪还是有一定作用的，当然这是建立在你平时就已经翻看过这些小本并且把上面的知识点记住了的基础上。晚上一定不要过度放松，适当的紧张有助于头脑更加灵活地转动，两个小本子将会是你非常有用的帮手。考前更要比平时注意休息，最好不要太晚，以接近于平时的作息时间为宜，但如果自己平时就睡得很晚的话，那么就不建议考前睡得太晚，最好是不超过12点（仅根据个人情况）。当然，在一些大型考试的前夕，学生们难免会有一些紧张，也难免会有一些学生紧张得睡不着觉、失眠，要记住：哪怕彻夜未眠，也不会太影响你的发挥的！我高中时的副校长就经常给我们讲一个实例："一个同学在考语文的前一晚失眠了，他很害怕，就给副校长打电话，副校长就告诉他'你三年学的东西都已经印在你的脑子里了，只是一晚上的失眠不会撼动这三年的知识基础的'。"最后这个男生考了当年省内语文单科状元。所以，希望大家在任何时候都保持镇定，不要轻易地否定自己、自乱阵脚。

除了学习，在饮食方面也要注重营养均衡搭配，这主要是家长的工作。除了多吃水果蔬菜，肉蛋奶也不要落下。学习是一件很消耗能量的事，有研究说在学习时消耗的能量是运动的三倍，所以蛋白质的补充很重要。如果条件允许要买一些补品的话，建议先向医生咨询一下，因为补品的选择、剂量也是很重要的。

最后，祝大家学习顺利！

学霸阅读笔记

阅读打卡

新的收获

小 结

四大法宝让我的物理成绩有质的飞跃

李　爽

高考总分：**682**　理综：**274**

毕业于喀左县高级中学

就读于北京大学城市与环境学院

借助外力——教辅资料的使用
日常积累——物理模型的总结归纳
四个重视——思维、审题、反思、质量
经验总结——及时自我反思与改正

从初中到刚上高一，我的物理成绩一直还可以，但也就只能用“还可以”来形容。在高一的第一次考试中，我的物理考了80多分——一个“还可以”的成绩。但在一次考试之后，一个偶然的机会，让我的物理成绩快速提升，以至在之后的很多考试中，我的物理单科成绩位列全班第一，物理也成了理综中最好的一科。

那是一次期中考试，考试结束后，物理老师让我们每个人反思总结，我当时觉得有好些失分是由考试时过度紧张导致的。老师给我的反馈是：考前有充分的准备，考试就不会紧张了，还写了一些鼓励的话给我。看到老师认真的反馈后，我突然感到有些惭愧，因为一直以来我对物理的学习态度有些敷衍，但是我相信我的物理成绩一定还有上升的空间。于是，我不再满足于只完成老师布置的作业，开始在物理上多下功夫，此后我的物理成绩正如预期那般，直线上升。

学习物理的方法

在参考了很多学长学姐的经验后，我制定了物理学科的学习方法，即买一本知识点较全的辅导书，并随着课时的进行同步完成教辅图书的练习。辅导书不在多而在精，选择一本适合自己的就足够了。市面上很多参考书对知识点的讲解和总结大同小异，题目也多有重复，所以只做一本参考书，更有利于我掌握系统的知识，让我有机会认真对待每一道题，把题目做精。而且复习的时候会更加高效便捷，可以吃透每一个知识点、每一道经典例题。

学习物理应该重视的问题

一 重视思维

在我看来，物理是一门重视思维的学科，解出题目的关键是弄清一系列复杂的物理过程。拿物理和数学对比，我觉得物理的思维过程相对来说更有整体性。数学题目是一个个步骤堆砌而成的，而物理题目往往要将整个思维过程弄懂才能解出。正因为物理有这样的特点，学习物理时才一定要将各种物理过程理解透彻。想要理解透彻，可以通过构建具象思维和抽象思维加强对物理定律的理解。构建具象思维可以通过与日常生活中的现象建立联系来实现，还可以通过做实验来实现。构建抽象思维要求在学习每一个知识点时，养成勤于思考的习惯，在脑中构建相关的物理过程。很多时候，解不出物理题就是由于思维能力不足，难以正确理解物理过程。因此，平时一定要加强物理思维能力的训练。

二 重视审题

无论做哪一科的习题，审题都很关键，物理也是如此。由于物理题目往往具有整体性，审错了一个条件，可能造成全题皆错。因而审题时不仅要认真，而且要掌握一定的审题技巧。

首先，审题要读懂题目的物理背景和大致物理过程。比如分辨出表面是光滑还是粗糙，弄清题目中小物块的大致运动过程及其背后的物理规律。其次，要学会抓住题目中的关键信息。可以从关键词入手，在审题中，要特别注意“恰好”“不变”“最大”等字眼，这往往是弄清物理过程的关键。最后，要格外注意条件，比如“光滑”“粗糙”“初速度为0”等字眼，这些往往是做对题目的关键。我的方法是边读题边圈出其中的关键词和关键数据。这样，我很快就能抓住题中的关键信息，读懂题目，做题时也能快速找到需要的数据；更重要的是，每一个条件都能审清楚，不至于遗漏。做物理题，切忌草草读完题就去做，这样很容易在没完全理解题目所问的情况下，出现反复读题、浪费时间的问题，甚至审错题目导致解题错误。

三 重视反思

对于做错和不会做的题目，一定要学会做后反思，因为这往往是没有正确理解物理过程造成的。我的方法是在原题上做重点标记，隔段时间就复习一次，直到完全理解为止。做标记，还有一个很大的好处，那就是所标记的内容可以作为一个很好的考前复习依据。每次考前，我都会拿出之前标记过的重点题目，一个个地去复习。考前将重点、难点排查一遍，考试的把握就更大一些。因此，我们要养成经常反思的习惯，在反思中进步。

四 重视质量

做物理题不要一味地追求数量，更要追求质量。如前所述，做物理题很重要的一点就是理解透彻，做一道题会一类题；如果只是一知半解，做再多的题也没有用。不追求质量而只是追求数量，做再多的题也只是简单地堆砌，不会有实质性的进步。

我的经验总结

一 利用好二级结论

物理中有很多二级结论，这对在考场上快速解题很有帮助。考试的时间往往非常紧张，用二级结论解题能够节省很多时间。而且，很多小题的目的就在于考查二级结论。平时，大家一定要注重记忆老师为大家总结的和参考书上总结的二级结论，并且学会运用。需要注意的是，二级结论可以直接用于小题，但做大题时，二级结论不能直接运用，应写出具体的推导过程。所以，这也要求我们记二级结论的同时记住其推导过程，并充分理解推导过程。

二 规范做题步骤

物理大题一般都是按步骤给分的。如果步骤不完整，即使做对了题，也会被扣分。如果你做错了题目，但是步骤是完整的，阅卷老师会根据正确的公式给分。因此，在平时一定要养成写完整个步骤的习惯，千万不要因为是平时的训练就敷衍了事。

三 大题不会做，也能得分

很多同学看到物理大题的时候都想放弃，甚至还没仔细看题就觉得自己不会做。其实，即使碰到不会做的大题，我们还是能拿到一定分数的。那么，怎么在不会做的情况下拿到分呢？首先要认真审题，明确题目的物理背景和条件，知晓题目这样考查的知识点，据此去想对应知识点的公式，尽量多写一些公式上去，这样就可以得到公式分，而且分值往往不小。

同学们，在没有对一门学科倾尽全力之前，我们没有资格说自己学不好这一科，也千万不要自我限制，认为自己的成绩“也就这样了”。事实上，当你认真学习物理时，你会发现学习物理有很多规律可循，拿到高分也有很多技巧可用。每一个人都有无限的潜力，从今天起，认真对待物理，相信你一定可以学好它。

参考书的选择

市面上的参考书种类繁多，怎样挑选一本好的参考书呢？第一，好的参考书知识点详尽、排版清晰，让人复习起来容易抓住重点，且心情愉悦。主观感受其实也是挑选参考书的一大标准，毕竟，复习时的心情也在很大程度上影响着复习效率。第二，好的参考书应当讲例结合，在知识点旁有对应例题，且例题难度适中，这样有利于我们加深对知识点的理解。第三，好的参考书要有易错点、重点、难点的归纳总结，能帮助我们在复习中抓住重点。其中，易错点是大多学生容易“踩雷”的地方，好的参考书能使我们无须刷题就知道易错知识点，达到事半功倍的效果。重点、难点一般是考试考查的重点，也是难以理解的地方，抓住重点，能让我们在考试中更容易抓住分数。

选择参考书，不仅要参考其他人的意见，更要考虑是否适合自己。首先，参考书的难度各异，要根据自己的学习成绩来选择对应难度的参考书。比如，基础较薄弱的同学可以选择难度整体较低的参考书。其次，要考虑参考书是否能帮你很好地弥补弱点。比较粗心的同学，可以选择易错题分析较多的参考书。选到了合适的参考书，就要好好利用它。

参考书的使用

同步教学进度的情况下，我会仔细阅读参考书中所列出的知识点，查漏补缺，对重难点圈点勾画。这样不仅将当天所学知识点又过了一遍，而且加深了对重难知识点的记忆。自己的圈点勾画，也给日后的复习带来了方便。复习完知识点后，我会做对应的例题，将知识应用到实际的做题中。这样的课后复习，效率更高，能为解题打下一个比较坚实的基础。

利用参考书刷题

参考书在知识点的讲解后配有相应的易错题、重点题和本节的综合练习题。我一般会先做易错题和重点题，这些题往往难度较大、容易出错，如果我觉得题目很经典，就会标记出来，方便日后复习使用。至于节后的综合练习题，我会将其当作考试，进行限时训练。做完对答案，分析自己哪些知识点没有掌握，进行标注，作为日后复习的重中之重。像这样利用好参考书，我基本上掌握了与本节内容相关的大部分题型，也找出了易错的地方、困难的地方和不熟练的地方。我的解题能力就这样一步步地培养起来了，成绩也渐渐地提高了。

模型总结

高中物理有很多重要模型。一方面，这些重要模型是高考中的重点，有些模型更是被列为必考内容；另一方面，这些模型往往也是难点，是拉开分数的关键所在。因此，掌握好这些模型对我们的高考大有裨益。重要模型一般是由一个个简单的物理过程构成的复杂过程，掌握模型能让我们在时间紧张的考试中快速厘清思路，节约时间。一般重要的模型老师会帮助我们总结，参考书上也会有所总结。但我们仍要学会自己去总结模型，如此，我们对模型的理解才能更深刻。而且，有一些模型没有那么经典，是要在自己做题的过程中才能够体会得到的，自然也需要自己去总结。

在实际做题中，我们一定要注意题目的条件是否在经典模型上发生了改变，一个条件的改变会让这道题的物理过程变得截然不同，如“粗糙”斜面变成了“光滑”斜面、小物块由有初速度变成了没有初速度。总之，总结模型固然好，但也不能死套模型，要灵活运用。

四大法宝让我的物理成绩有质的飞跃

- 高效利用参考书
  - 一定要适合自己！难度是否适合自己的基础？是否能较好弥补弱点？
  - 参考书的选择
    - 知识点详尽、排版清晰
    - 讲例结合，例题难度适中
    - 易错点、重点、难点归纳总结
  - 参考书的使用
    - 知识点查漏补缺、加深记忆
    - 例题练习，将知识应用到做题中
    - 做易错题、重点题，标记经典题
- 模型总结
  - 在做题过程中总结模型、理解模型
  - 注意题目的条件，不能死套模型
  - 重要模型一般是由简单物理过程构成的复杂物理过程
- 学物理要注意的问题
  - 重视思维 — 物理的思维过程更具有整体性，要对物理过程理解透彻
  - 重视审题
    - 读懂题目的物理背景和大致物理过程
    - 抓住题目的关键信息
    - 格外注意条件
  - 重视反思 — 标记错题，按时复习，考前排查
  - 重视质量 — 不要一味追求数量，更要追求质量，才能有实质性的进步
- 模型总结
  - 利用好二级结论，快速解题
  - 规范做题步骤，且步骤完整
  - 大题不会做也能得分，认真审题想对应知识点的公式，尽量多写公式

学霸阅读笔记

阅读打卡

新的收获

小 结

单科满分100分的化学如何考到90+

牛梦莹

高考总分：646　理综：246

毕业于宁夏银川一中

就读于北京大学医学部

做好初高中化学学习的过渡；
把握课堂，记好笔记，不懂就问；
学会做题——择优题，选精题；
联系生活，将化学趣味化。

我是一名来自北京大学的学生，在高考中我的化学单科估分90分左右。我非常喜欢化学，因为这是一门神奇的学科。我也很能理解一些同学不喜欢甚至非常讨厌、畏惧化学，虽然俗话说，没有无缘无故的爱，也没有无缘无故的恨，但我总希望能为化学做些什么，让“恨”它的同学发现它的“美”，让“爱”它的同学更加放不下它。这也是我写下这篇文章的初衷。希望能够对正在阅读的你有所启迪。

初中与高中的衔接

对于化学来说，高一是一个完全不一样的开始，高中化学与初中化学相比，不仅在知识的垂直深度上做了进一步挖掘，还在内容的广度上拓宽了范围。最典型的就是概念“物质的量”的引入，这是一个全新的概念、全新的天地，要想很好地理解它、接受它并去应用它需要一定的时间。众所周知，一旦进入高中，时间就会变得异常宝贵，可以说谁掌握了时间，谁就掌握了自主学习的先决条件。所以，在大家都忙着去理解“物质的量”的时候，如果你已经能用它去做题，那你是不是已经赢在了起跑线上呢？那么，如何提前或者快速渡过这个尴尬期呢？我的建议是在中考结束后报一个化学初升高衔接辅导班，提前熟悉学习一下高中化学学科的内容。如果一些同学不想去报辅导班又对自己的自学能力抱有一定自信的话，可以借来学长学姐的书预习，俗话说“书读百遍，其义自见”，多看几遍也可以达到和上补习班类似的效果。但不论采取哪种方式，高一开课前对化学的预习都是必不可少的。它可以帮助你很好地走过初升高的这个过渡期。

做好笔记最重要

如果你问我在课堂上什么最重要？我一定不假思索地告诉你：笔记！笔记！笔记！重要的事情说三遍，希望大家能充分意识到笔记的重要性。我们的高中化学课本很薄，上面的内容也相对较少，还附有大量图片，这让我们学习起来相对生动有趣了不少，但是也意味着能学到的东西会有所减少。化学老师在课上肯定会进行一些补充，因此我们就要及时地把这些书上没有的知识点记录下来。为了方便，可以边听老师讲解边直接记录在书上相关内容的空白处，课后根据个人习惯再做完善。如果你要问我记到什么程度的话，我觉得还是越多越好，但是一定要以跟上老师讲课进度为前提，也给自己留一点时间去消化和理解，最好的状态是下课之后你觉得这节课非常充实。可以以此为判断标准，去找到一个最舒服的状态。一本好笔记，是考试前的一大利器，同时也不要忘记随时把易错点和难点及时更新到你的笔记本当中，把笔记本和错题本的功能集于一身，力争做到“知识由薄变厚，再由厚变薄”。记笔记的好处以及它带给你的自信和成就感是其他方法无法比拟的。或许，这就叫底气！当然，自己辛辛苦苦做好的笔记绝对不能将其束之高阁，一定要勤加欣赏，时时翻看。尤其是一些化学方程式和一些物质的性质及规律，长时间不看就会遗忘，所以一定要多翻多看，这样才能记得牢、记得久。

课间休息勤提问

下课后，老师通常都会因为收拾讲台或者整理教具等这样那样的原因短暂停留一下，不会急着走，所以这是一个答疑解惑的绝佳时机，要充分利用这个机会！千万不要有自己学习不如他人，就不敢问、怕丢人之类的想法，这是很多同学的一个误区—要知道“世上没有傻问题”！你能提出问题说明你最起码是思考过，只不过思路在某一个点被卡住了，你需要一个适时的点拨来让你茅塞顿开、恍然大悟。提出问题是一个非常值得肯定的好现象。其实老师看到你这种积极思考的学习态度也是非常欣慰的，无关你的成绩是否靠前。即使你提不出问题，但班级里不乏会有去问老师问题的同学，这种时候我们应该允许自己的好奇心“作祟”，挤上前去听一听“热闹”，因为这就相当于是开小灶，可以拓宽自己的思维；让你了解别人都是怎么思考问题的，自己与他们的差别在哪里等。并且当你一旦尝试过一次，你就会发现这种近距离、面对面的交流不仅能快速解答你的疑问，甚至还会加深你对课堂内容的理解，有时还会拓宽你的眼界，从而与你所学的基础知识契合起来，进一步升华你对知识的理解。因此，我的建议就是：学习过程中把自己当成傻子，不懂就问，这样你学到的就更多。就算没有问题要问，也不要沾沾自喜，看看别的同学都问的是些什么问题，这种“热闹”还是可以去凑凑的。毕竟大家的问题及思考问题的方式是千差万别的，这样做无形中给自己的知识网络弥补了空隙，还拓宽了思路。

会做题、精做题

如果让我选出两个学习中最重要的环节，那我一定会选上课听课和放学处理作业两个环节。关于上课如何让自己认真听课和记笔记的方法已在上文提及，那咱们就再说说放学后如何处理作业。之所以说处理作业而不是写作业，是因为它不只包含了写作业，还包括如何处理写完的作业，这也是我下面要重点说的。写作业的过程大家应该都是基本相同的，虽然现在电子产品的诱惑很多，但作为一个高中生，我相信大部分人还是可以非常认真独立地完成作业的，并且中间不玩手机、不听音乐。如果你觉得自己还不能达到上述要求，那么就要让自己养成这个习惯了，因为这只是入门阶段。接下来，在完成作业后，如果自己手头有答案，那么希望你能对照答案先给自己批改一下。越是到了高二、高三，一般老师批作业的程度就会越来越低，更多地是不收答案让学生自己批改，然后等上课时再把自己不会的题目提出来让老师解决，那么在这个过程中占据主导地位的就是同学们自己。所以，自己一定要给自己的作业把好关，写完作业后对照答案认真批改。针对错题自己先改，如果是因为粗心大意而写错的题要引起重视，争取下次不再犯。有的题第一遍不会或者做错了，但是根据答案及解析能理解，就可以做上标记，日后多加复习加深记忆。如果有时间整理一个错题本那就更好了，但是因为大家留给化学作业的时间并不是很多，所以错题本并不强求，大家可以另找一个时间整理错题或者日后多翻看错题。有的同学化学成绩不是很理想，就想通过刷题的方式来提分，一下子买好几本习题册和辅导资料，在我看来，这样的方式其实收效甚微，投入和产出比过大。其实我也是自己额外买过辅导资料的，当时还订好计划每天做几道题，可是真到执行的时候才发现困难重重，题海战术让我的睡眠时间减少，进而影响上课时的听课状态，其实这是得不偿失的。所以，与其寄希望于题海战术，倒不如把时间花在自己手头已有的习题上，把它们吃透摸清更为重要，收效也更为显著。对完答案后还有少部分题目是自己参照解析也太不明白的，那么就暂时不要过多纠结，第二天老师讲作业时再踊跃提问就好了。

高中是拼搏的阶段，大家基本上都是睡得少学得多的状态，不过还是希望大家能明白有的时候养好精力上课认真听讲，比和题目死磕耽误睡觉时间值当得多，休息和学习的时间要根据个人特点做好平衡。上课是老师追着学，学到的东西多，但容易忘；课后作业是自学，学到的新东西少，但是是对课堂内容的巩固，是夯实基础的重要过程。做的题多了就会发现一些基本的套路，不同的练习册上的习题类型都是类似的，要善于整理总结、把知识分门别类，做好这些工作，即使只做了老师布置的习题，效果也比做好几本课外习题强很多。

联系生活，提高兴趣

学习犹如攀登，在登上顶峰之前或许会疲惫、会倦怠，甚至会想放弃，当你觉得自己的学习仿佛陷入一潭死水的时候，不妨试着给自己引入一掬活水，比如了解一下近年来诺贝尔化学奖的相关讯息，自己当前所学内容最近在国际上的一些新进展，等等。比如，学到原电池这种特别难的章节时，老是做错题可能会导致心情郁闷，这个时候你就可以稍微放松一下，看看化学方面的新闻，发现有人就是应用你现在学的知识来做研究造福全人类的，那你是不是就会受到鼓舞，瞬间干劲满满？有的还可以和日常生活结合起来，比如，油脂和表面活性剂的反应，其实就是用洗洁精刷碗的原理，还有初中时特别喜欢玩的醋加小苏打会冒好多泡泡等，这些东西能让我们真切感受到化学就在我们身边，它与我们的生活息息相关。化学不只是化学家在实验室内的研究，其实细细思索的话，我们的日常生活就是一部化学的大集合。抱着这种想法，一方面可以让我们的记忆更加牢固，另一方面又能增加自己对化学的兴趣，学习化学就会变得有趣很多。

最后总结一下，由于化学是一门记忆和理解兼需的学科，它的学科特点就决定了我们学习时既要注意课堂笔记的整理和课堂知识的记忆，又要处理好课后作业，从而让自己的能力得到进一步提高。希望你们能把握好这两个要点，并在学习与休息中做好一个平衡，不要让自己过度劳累，也不要过于安逸，毕竟这是人生中最应当拼搏的三年。努力三年，终身受益。

单科满分100分的化学如何考到90+

- 做好笔记最重要
  - 及时记录老师补充的知识点 —— 跟随上课进程+越多越好、力求充实。
  - 随时把易错点和难点更新在笔记本里 —— “知识由薄变厚，再由厚变薄”。
  - 时时翻看，记住化学方程式和物质的性质及规律。
- 课间休息勤提问
  - 课间积极向老师提问，积极思考 —— 千万不要怕丢人，“世上没有傻问题”，适时点拨，茅塞顿开。
  - 旁听别人的提问，拓宽思路，加深理解 —— 别人思考问题的方式可以弥补自己知识网络的空隙。
- 课后夯实基础，巩固上课所学，善于整理总结，把知识分门别类
- 会做题、精做题
  - 认真独立完成作业、不玩手机、不听音乐。
  - 整理错题本
    - 对照答案批改作业，认真分析错题。
    - 对重要问题进行标记，日后复习。
  - 习题册和教辅资料
    - 忌寄希望于题海战术。
    - 将已有习题吃透摸清，踊跃提问。
    - 刷题不要过多占用睡眠时间，影响听课效率。
- 联系生活提高兴趣
  - 了解当前所学内容在国际上的新进展。
  - 从日常生活中发现化学。

学霸阅读笔记

阅读打卡

新的收获

小　结

要取得生物高分，功夫还是要下在基础知识上

周　锐

高考总分：676　理综：287

毕业于吉林油田高级中学

就读于北京大学医学部

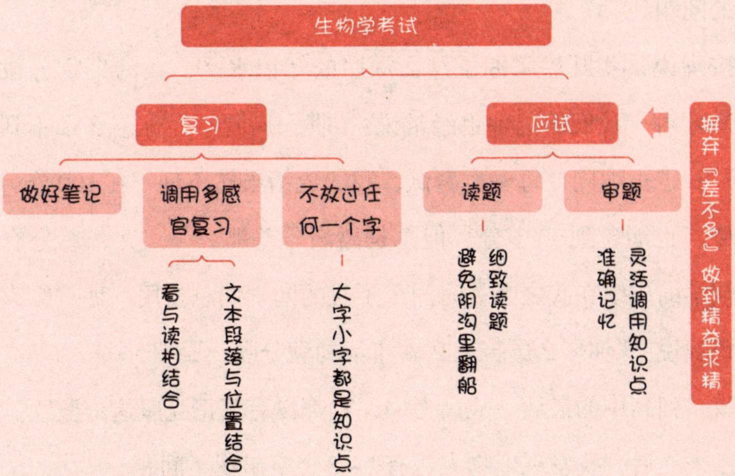

生物，凭什么你成为我高考的遗憾

对于生物的学习，跟其他同学不太一样的是我并没有局限于高中的知识。高中阶段我就开始阅读大学的生物学和医学教材，高一时，我自学了《普通生物学》；高二时，我自学了《医学细胞生物学》。读完这两本书很不容易，其实应该说是相当不容易，因为我们中学阶段所接触的生物学知识对生物这一门学科来说，简直就是“九万牛”之一毛，在这样的基础之上开始自学高等教育水平的生物学知识难如登天。但是，经过整两年的努力，我还是啃下了这两块硬骨头。看着书上画满的红蓝相间的记号还有写满的笔记，心中那份自豪感和成就感，就是在今天仍然新鲜依旧。通过自学大学课程，我认识到高中生物课程的局限性，而且我也很有自信地说，我所掌握的高中生物知识水平要远比课程要求的多。一段时间内，老师将我视为“眼中钉”，因为我总爱提出很多稀奇古怪的问题。

按理说，我既然掌握了这么深厚的知识水平，我的生物分数应该非常高才对。我们的老师也经常说：“哎？周同学？你怎么拿不到满分呢？”我也很纳闷，每一次考试，我的成绩虽然不低，在100分满分的考试中，也能拿到90多分，但总是离满分差那么一点儿，总是有那么几个同学的成绩在我之上。时间久了我的同学们总是用一种“鄙夷”的态度跟我说：“你那么厉害怎么就拿不到满分呢？”

就是到高中的最后一战高考中，我都没有真正克服这个魔咒。高考答案出来之后，我发现生物大题有2~3个空出现了问题。

生物，我到底该怎么学

其实，每一个学过生物的人都知道，生物应该是理科三兄弟中，看起来最简单的，但是要拿到满分是最不容易的一科了。高考之后的暑假和大一期间，我辅导过很多高中学生的生物课程。在跟低年级学弟学妹接触的时候，我也发现他们对生物也有着一样的迷惑。在我重新回顾生物教材与生物习题之后，我终于明白了到底为什么生物—这一门我一直热爱的学科—在三年之后成为了我高考的遗憾。

首先，生物有着与物理和化学很不相同的思维方式。与物理、化学非常明确的推理与逻辑关系不同，生物更倾向于对记忆性知识点的考查。很多同学可能有着这样的经历：在遇到物理或者化学不会的大题时，同学们还是可以通过详细的推理过程得上几分；但是在做生物题时，如果对所考查的知识点有些印象但又很模糊，这种情况下，就算我们绞尽脑汁也不可能想出答案来的。这也就要求我们在学习生物学科的时候，要与物理、化学有着不同的方法。

其次，考试大纲对生物学科的要求与其他两科不同。物理倾向于考查同学们对物理原理的了解和应用，只要我们明确物理原理和公式的应用便可以对很多题目自如地应对；化学倾向于考查同学们对化学反应及化学反应原理的了解和应用。也就是说，这两门学科更倾向于考查原理。生物则不同，它有着非常丰富的知识系统，有着非常庞大的概念体系，在考试中也经常考查同学对基础概念的掌握。这两种不同的考查方式也就要求同学们在学习生物时要注重基础概念的掌握。

同学们可能会问我，基础概念不就是在书上吗？我也看书了啊！但是为什么有些地方我还是不会呢？不知道同学们有没有注意到生物书的文本结构，我们平常大多将很多精力放在了教科书上大字的部分，很多加粗的黑体字确实也都在大字部分里。但是其实教材还存在着很多很多的小字内容。相信很多同学在学习的时候并没有很在意这方面。生物书上小字部分的内容一般与生物学实验、生物学技术及相关生物学概念的科普有关。很多同学在复习的时候，并没有注意或者很少注意这部分内容。但是很不幸的是，高考考试大纲对于很多小字部分的内容还是要求掌握的。这就意味着，我们在复习的时候，必须拿出一部分精力去记忆这一部分内容。2016年高考全国卷II的生物学选做部分就考了一部分《选修3·现代生物科技专题》中小字部分的内容。很多人最后的15分选做题一分都没有拿到，就是因为他们在复习的时候并没有注意这一部分内容。

除此之外，不知道同学们有没有想过一个问题，你真的会复习生物书吗？相信每一个认真听课的同学的书上都会有密密麻麻的笔记，会标记出很多很多的重点，甚至可能会在书上画很多很多的示意图。但不知道大家在复习的时候是怎么处理这些重点的呢？观察了很多学弟学妹的复习习惯，他们习惯将书摊在桌子上，然后开始“看书”。很多同学应该也是这样做的，但是不知道大家有没有发现，这样看书的效率跟记忆程度其实并没有自己想得那么高。很多情况下，我们会发现读过一遍的书其实只能记住70%左右的内容，那些位于“犄角旮旯”位置的内容我们还是记不住。对于需要记忆的知识，通过看的方式进行学习的效率是比较低的，因为我们用目光扫过文字的时候只能形成瞬时记忆或者短时记忆。从医学角度来讲，只涉及一种感官的记忆是不容易形成长时记忆和永久记忆的。因此，在我们复习需要记忆的知识点时，最好要涉及两种甚至两种以上的感官，也就是说我们不能只利用视觉。其实同学们在背单词的时候，会发现边看、边读并且边写是最有效率的。那么在复习生物的时候也是一样的。虽然我们不可能抄书，但是边看边读绝对会更有效率。这样一来，不仅可以涉及两种感官，而且逐字阅读可以有效避免忽略书上某个比较边角位置的文字的现象发生。一般而言，如果我们在复习时可以全神贯注，整本生物书读两遍下来，可以差不多记住90%的内容。那么剩下的10%就需要同学们平常没事的时候多翻书来查漏补缺了。

另一个比较推荐给大家的记忆方法是将课本内容与这段文字的位置结合在一起进行记忆。举个例子，我现在还记得人教版孟德尔定律这一部分的讲解里，教材左半面的上半部分是孟德尔的头像和一段这一章的简介，下半部分讲述了孟德尔的理论，右侧是一张很大的讲解他实验的图解，再下方是对他定律的文字表述。为什么希望大家能记住文本的相对位置呢？不知道同学们有没有过这样的经历，当你面对一道题的时候，你很明确地知道它这是在考查你哪个考点，你记得书上有这样一句话，你记得它就在某个段落的下面，但是你就是记不起来这段说了什么内容。究其根本，是我们没有准确地将段落内容与段落位置相结合。那么，在同学们学有余力的情况下，可以花一些时间记忆一下重要段落的位置。这样一来，我们的大脑就像是一台搜索引擎，在面对一道题的时候，就可以迅速搜索这个知识点的位置以及它周围的知识结构。在做题时就可以对知识快速地进行检索，从而得出答案。

生物题，我该怎么做

生物题题型只有两类—选择题和大题，其中大题一般是给你一段简单的描述，明确这一道大题考查同学们的是什么，接下来提供几个填空题供同学们作答。

我们先来说选择题。不知道大家有没有注意到，生物选择题是理科三兄弟里最喜欢玩文字游戏的一科了。相信同学们一定一次又一次地在文字游戏里跌倒过。比如，题目可能问你“下面叙述不正确的是”，同学们可能一慌张就选择了表述正确的选项作为答案；题目将本来正确的叙述“基因分离定律可能在每一代体现”改成了错误的“基因分离定律在每一代都会体现”，同学们慌慌张张地认为这是“差不多”的，结果又一次选择了错误的答案。其实生物学科的出题老师这么愿意跟我们玩文字游戏是有原因的：生物不像物理、化学，如果出一个很难的题目，你是一点都抓不到头脑的。但是生物本来难度就很低，不管它怎么考，最终还是会落到基础的概念上。这样一来，生物学科考试要想提高考试难度就只能通过玩这种文字游戏来实现，像一个精明的猎人一样蹲在黑暗的角落里，期待着大大咧咧、马马虎虎的考生掉进他设置的陷阱里。其实要想克服这一点很简单：认真读题。文字游戏说得简单点就是趁你不注意加字、减字、换字罢了。所以在读题时认真一些，并且养成边读题边用笔画出题中重点文字的习惯。还记得前文提到的结合两种及两种以上的感官可以加深记忆吗？边读题边圈画不就是调动了两种感官来读题吗？所以养成这样一个习惯能让你抓住出题者设置的陷阱。而另一方面，这些文字游戏也要求同学们对它所考查的知识点有100%的准确记忆，因为失之毫厘便可能导致最后栽进这个深坑里。

对于大题而言，相信同学们真正怕的不是那些比较客观的空，而是那些让你解释原理、解释原因的空。很多同学会说，我觉得我写的答案明明跟标准答案“差不多”啊，为什么就是不得分呢？其实作为一个过来人，我认为生物最忌讳的就是“差不多”。答主观性大题需要记住一点：不管什么时候，在生物言生物，要用生物学的语言来回答问题。而什么叫作用生物学语言呢？实际上，出题者让我们解释原理或者现象，最终目的是考查我们能不能将这一段对应的知识点原文“默写”下来。所以究其根本，还是看我们在复习高中课本的时候，能不能做到准确的记忆。与此同时，每一次完成这样的主观陈述性题目之后，都应该与标准答案进行一次对比，看一看标准答案是怎么写的，看一看自己跟标准答案还差什么内容。通过不断的对比，才能让自己的答案离标准答案越来越近。我就吃了“差不多”的亏，结果失之毫厘、谬以千里，导致最后遗传大题的主观部分与答案出现了偏差，给我的生物高考成绩留下了遗憾。

动用多感官进行学习，不要吝啬自己的笔墨，多去写，多去看，永远不要以为差不多就可以。这样坚持下来，高中生物对任何一个考生来说都只不过是轻松的小事！高中生物也绝不可能成为同学们的高中之殇！

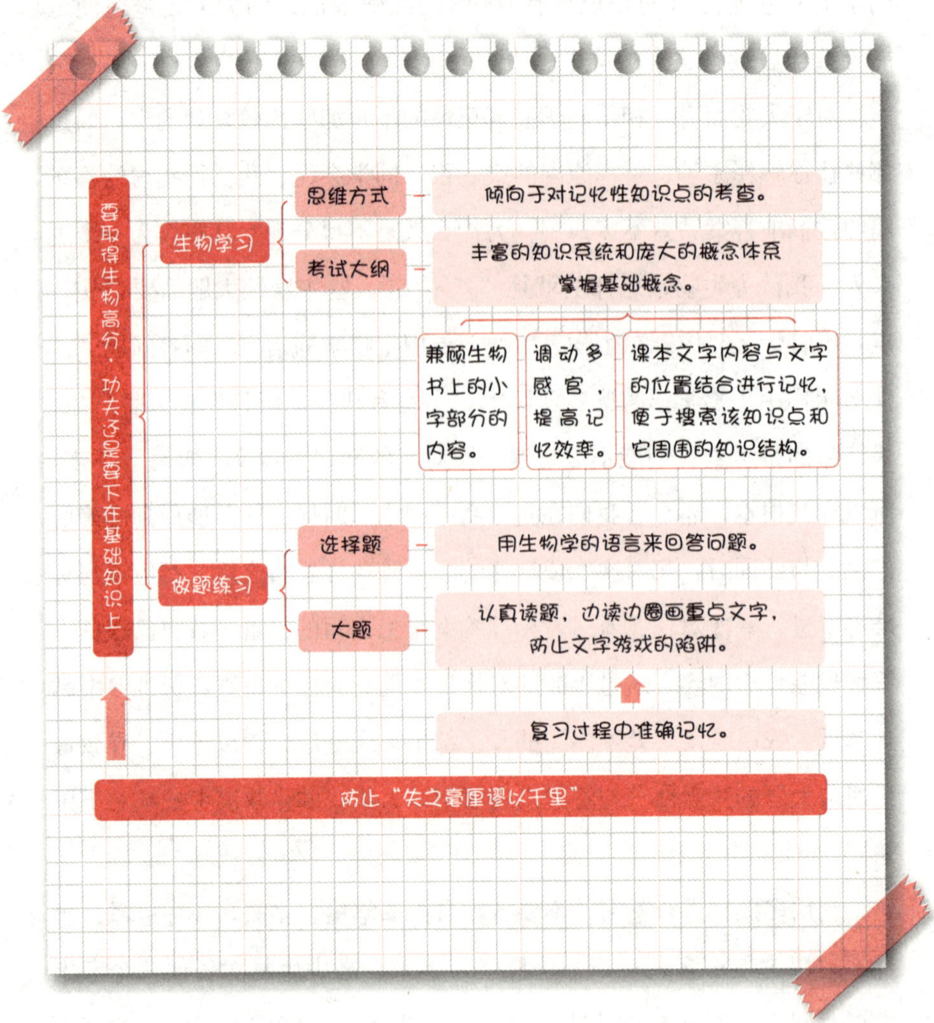
要取得生物高分，功夫还是要下在基础知识上
生物学习
思维方式
倾向于对记忆性知识点的考查。
考试大纲
丰富的知识系统和庞大的概念体系
掌握基础概念。
兼顾生物书上的小字部分的内容。
调动多感官，提高记忆效率。
课本文字内容与文字的位置结合进行记忆，便于搜索该知识点和它周围的知识结构。
做题练习
选择题
用生物学的语言来回答问题。
大题
认真读题，边读边圈画重点文字，防止文字游戏的陷阱。
复习过程中准确记忆。
防止“失之毫厘谬以千里”

学霸阅读笔记

阅读打卡

新的收获

小 结

手把手教你掌握政治答题技巧
——政治拿高分不再是梦

吴彩华

高考总分：657　文综：243

毕业于贵港市港北区第四初级中学

就读于北京大学新闻与传播学院

答政治题时的烦恼：

题干究竟在问什么？我应该答什么？我为什么答题总答不全？怎样写分析……

高中阶段，我们在学习新知识的同时，也在关注高考命题趋势的变化。就政治学科，我们拿新课标卷这几年的设问来看一看不难发现，设问类型大致可以分为两种，一种是A→B影响型，一种是原因型。不同类型的设问，使用不同的解法，会让我们做题效果更佳。下面，我们具体问题，具体分析。

A→B影响型设问

遇到A→B影响型类的设问，我们可以使用转化法来解决问题。

拿2019年高考文综政治真题试卷（全国Ⅰ卷）举例，“结合材料并运用《经济生活知识》，说明中国进一步扩大进口对国内经济的影响”。

学姐推荐的做法是，从设问中得出A、B分别是什么，将B对应回课本，看看什么方式可以促进B。在这一设问中如何对应呢？B是国内经济，那就是如何促进国内经济的发展。促进经济发展，无外乎几个点：宏观层面来说，转变经济发展方式，调整经济结构，优化供给侧结构性改革；发挥市场配置资源的决定性作用；而微观层面来说，就是激发企业活力，刺激劳动者的劳动积极性，发挥科技作为第一生产力的作用……

这时候咱们再结合整个题目来看：

结合材料并运用《经济生活知识》，说明中国进一步扩大进口对国内经济的影响。

当前，中国是世界第二大货物贸易进口国、第二大服务贸易进口国，货物和服务年进口值均占全球1/10左右。

2018年11月，中国进一步降低石材、陶瓷、机电等1585个税月商品的最惠国税率，关税总水平由2017年的9.8%降至7.5%，平均降幅达23%。同月，全球首个以进口为主题的国家级展会——中国国际进口博览会在上海举行，来自170多个国家、地区的3600多家企业参展，现场展示了法国葡萄酒、阿根廷红虾、美国智能车载空气净化器……进博会吸引了40多万名境内外采购商，累计意向成交578.3亿美元，其中1/4以上为智能及高端设备。

中国扩大进口"大蛋糕"的清单上，既包括数控机床、智能终端、精密医疗设备、新型汽车、先进民用飞机等高技术产品，也包括个人电子产品、农产品、食品、服装、化妆品等日用消费品。

高技术产品，对应"发挥科技作为第一生产力的作用"，而囊括了众多种类，又可以对应上"调整经济结构"；扩大日用消费品的进口，是不是可以拉动消费、繁荣市场、促进供给侧结构性改革？

综合以上答题思路，你会发现，所谓的A只是一个幌子，你可以先撇掉A，思考如何促进B，再结合整个题干，将A套进去，回答"如何促进B"即可。

那么问题又来了，"如何促进B"中的供给侧结构性改革、调整经济结构等答题术语从哪里来？

答题术语有三个来源，第一个是书本里面的，包括书本没有，从练习册补充上去的。书本是术语集合的大本营，因此，想要政治好，就得来来回回翻书、把重要的术语背得滚瓜烂熟，考试时才能得心应手。第二个是国家领导人的讲话，其中又特别以习近平总书记在每次人大会议上的讲话最为重要。学姐以前经常扒习近平总书记的讲话，每当把习近平总书记话中的术语收集起来，就像收集到金子一样两眼放光。有些同学平时连带手机的机会都没有，就更别说用手机上网了，那学姐还有一招，就是，利用好试卷的标准答案，答案值得你反复研读，特别是高考题的答案。我们拿到答案之后，可以比照着答案分析自己的作答，看看自己的作答相比于标准答案有哪些不足之处，从答案中你看到了什么做题思路，答案有哪些地方是你没有想到的。答案中隐藏的政治术语，要专门准备一个小本子抄下来，或者将答案剪切出来，直接贴到小本子上，考前翻一翻。第三个就是题干中现成有含金量的句子，现取现用。

咱们再举一个A→B影响型的例子。“分析人工智能技术的应用对中国制造业的影响。”这道题不给题干，你能想到哪几个点呢？

首先，分析影响，一般只说好影响，不说坏影响，所以咱们就使劲儿往好的影响方面想，按照咱们的转化法，那就是“如何给制造业带来正面影响”。转化好之后，再搜寻脑袋里的术语库，关键词一下子就出来了：科技、生产力、人才、产业结构。把这几个关键词扩充一下，结合材料分析分析，答案自然就出来了。

原因型设问

原因型设问在高考政治大题中一直占着大比例，回答原因型的题目时，答题思路一定要分为三个层次去作答，少一个层次都会扣分。这三个层次，分别是理论依据、现实依据和现实意义。

理论依据，就是课本中给出的具有原理性高度的术语，多为定义类术语。比如“人民日益增长的美好生活需要与不平衡不充分的发展之间的矛盾”“人是生产力中最具决定性的因素”“企业是国民经济的细胞”等。

现实依据，一定是推动行为发生的现实原因。比如说为了扭亏为盈、市场经济不景气、行业发展受阻等。

现实意义，就是我们最喜欢的“有利于”。如果说现实依据是从阻止反面情况发生的角度来作答，那现实意义就是从促进正面情况发生的角度来回答。比如有利于促进市场繁荣、有利于促进人才培养等。

在回答原因型题目，我们最容易掉的坑就是通篇只答了现实意义，通篇都是有利于。这是不对的，比如说一道原因型的题目总共得分是8分，其中理论依据会占3分，现实依据会占3分，现实意义则占2分，就算你把现实意义这一块答出花来，也只能得3分。

下面举一个例子作为说明。

十九大报告强调要振兴实体经济，加快建设制造强国。

金融是现代经济的核心，以制造业为主的实体经济是我国经济发展的根基。党的十八大以来，我国金融改革发展取得新的重大成就，金融对实体经济的服务能力逐步增强。但实体经济融资难、融资成本高的问题依然突出，大量资金流向房地产等领域，部分资金在金融体系内部循环，“以钱炒钱”加剧了资金“脱实向虚”。部分企业杠杆率偏高，“僵尸企业”占用了较多的信贷资源。全国金融工作会议指出，金融要回归本源，把为实体经济服务作为出发点和落脚点，全面提升服务效率和水平。

结合材料，运用经济生活知识说明金融为什么要把为实体经济服务作为出发点和落脚点。

看到“金融要回归本源，把为实体经济服务作为出发点和落脚点”，立马要想到这是和实体经济相关的、能够说明实体经济重要性的理论依据，课本中并没有相关的理论依据，但是题干中有。“以制造业为主的实体经济是我国经济发展的根基”，再从题干中找到现实依据“以钱炒钱”“脱实向虚”，现实意义就应该是“有利于促进金融业、实体经济的双重发展”。

此外，我们要仔细审设问，里面出现了两个主体，一个是金融，一个是实体经济，所以，既要回答这一做法对实体经济的意义，也要回答这一做法对金融的意义，即“金融是现代经济的核心，金融在促进实体经济发展的同时，也能促进自身的健康发展”。

这个思路叫“分主体”，同样是政治大题作答中必不可少的思路，在必修二政治生活中很是常见，在其他必修中也会有所涉及。在必修二政治生活中，一定要分清楚术语的主体，如政府才能依法行政，共产党是依法执政，人大代表拥有的权利和人民代表大会所拥有的权利也要区分开来。

必修三、四大题的作答和分析

在大题作答中，同样困扰大家的，还有必修三文化生活、必修四哲学大题的作答和分析。针对必修四，学姐有一招杀手锏，那就是运用目录背框架。如果说必修一的背书重点在于背关键词，靠关键词勾带出答题术语；必修二的背书重点是依靠主体归纳分类知识点，那必修三和必修四，最强调的就是“框架”，尤其是必修四。为什么强调框架，看看设问就知道了。

“运用‘辩证法的革命批判精神与创新意识’的知识并结合材料，分析科技领航者实现科技创新的原因”“运用文化作用的知识并结合材料，说明弘扬创新精神对推动创新发展的作用”，如果你对课本框架不熟悉，连“辩证法的革命批判精神与创新意识”和“文化作用”都不知道具体的知识点，那基本就拿不到什么分数了。而政治书的目录，几乎可以说是政治的“骨架”，是统领全书所在。打开政治必修四的目录，第二单元到第四单元，凡是政治大题会涉及的地方，都要熟记，并且要记住哪一块原理是唯物论下的，哪一块是辩证法的，哪一块是实践观的。

目录背得好，能有效减少我们在答题时出现的漏答、答偏方向的情况，并且脑海中始终存在一个知识点的框架，让你下笔不慌，提高作答的速度。

说到背目录，有些同学可能会很为难，目录怎么背得下来？其实目录强调的是整体性、系统性、框架性，因此，可以通过构建思维导图来辅助目录的记忆。很多参考书上都会附带有思维导图，大家看看也就过了，自己画的思维导图，始终和别人是不一样的，在画思维导图时边想边画，也能将自己脑海中乱作一团的知识点“分门别类”地归放整齐。

比如画一个“文化对人的影响”的思维导图，一级标题是“文化对人的影响”，下辖三个二级标题，分别是“文化对人影响的表现”“文化对人影响的特点”“文化对塑造人生的作用”；二级标题再往下细分，就是答题的术语了，如“文化对人的影响来源于特定文化环境”“文化对人具有潜移默化和深远持久的影响”。这一个思维导图按层级归纳好知识点后，下一次同学们遇到分析“文化对人影响”的题目时，就不会出现只侧重答一个方面（如只答了文化对人影响的表现这一方面）从而导致丢分的情况。

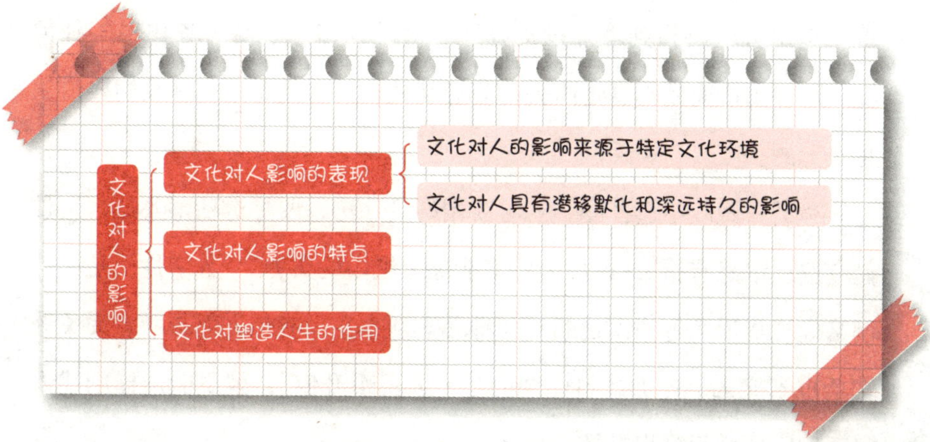

在背书这一方面，学姐还想强调的一点就是，极少人能一遍就背下所有的政治知识点，一定要反复背诵，反复加强记忆；背文综要充分利用琐碎时间，比如下课后的五分钟，早读前的十分钟，放学之后的十分钟等。从平时的学习到最后的高考，你肯定能将知识点反反复复背个上百遍，形成相对应的“肌肉记忆”，哪怕考试再紧张，也不会忘记。

选择题

讲完了政治大题的情况，接下来说一说政治选择题。对于尖子生而言，政治选择题一题都不能错，次一点的情况就是顶多错一题。那政治选择题要怎样做才能保持“一题不错”呢？这就要求我们在平时要充分辨认各个概念。比如有限责任公司和股份有限公司，哪一个类型对应认缴，哪一个对应认购；在必修一经济生活的最后一个单元对外开放，记得“走出去”特指到境外投资办厂、对外承包工程与劳务输出三种情况，对外出口商品不算走出去，等等细枝末节的概念，都是我们要辨认且熟记的。

考试时做政治选择题，一定要用好排除法，两种选项不要选，一种是“选项本身有错”，比如“国家能决定纸币购买力”“数字货币是一种网络虚拟货币”等错误论断；一种是选项本身没有错，但与题意无关的选项也不能选。比如题目体现的是“人民币升值”，就不能选择阐述人民币国际地位得到提升的选项。

学姐带来的干货分享到这里就结束啦。一起划一下重点：A→B题型用转化法，转成对B有利的做法；原因型设问记得答全理论依据、现实依据、现实意义；在答题过程中不要忘记分主体考虑；术语的三个来源：课本、题干和时政材料；做好思维导图，事半功倍；选择题用排除法，两种选项不要选。

在这里祝大家学习顺利，愿你们都能在金秋九月，走进理想中的大学校园。

学霸阅读笔记

阅读打卡

新的收获

小 结

从热爱到擅长
——我的历史学习进阶录

蒋馨雨

高考总分：644　文综：230

毕业于新疆石河子第一中学

就读于北京大学历史学系

思考——解决——沟通，热爱的就会成为擅长的。

面对自己最爱的历史学科，我总是接受着自己无法取得理想成绩的现实。而在高三的一年中，在经历了很久的迷茫和彷徨后，我终于思考出自己的问题所在，并且通过矫正思路、贴近知识点、整理时空二维时间轴笔记等多种方式加以解决，重新收获了在历史这一门学科上的自信，最终也在高考中收获了理想的成绩。

原来喜欢和擅长是两回事

对于很多的文科生而言，历史是我们选择文科时的白月光—比政治活泼，比地理文艺，也许偶尔又和平时喜欢看的小说、电视相关，上课总是像听故事一样有趣。正是因为这样许许多多的原因，从初中接触历史这门学科以来，我一直对历史保持着非常浓厚的兴趣，无论是课上还是课下都极其喜欢和老师同学们交流历史问题。而在高中选择文科后，我的历史成绩也在很长一段时间内名列前茅。但是，面对高考的压力，我发现仅仅拥有对历史的兴趣却显得那么不足，甚至有时因为知道的信息太多、太过冗杂，而影响自己做题的思路分析，也因此在考试中多次碰壁。在高三开始做文综考卷后，这一点就表现得更加明显：面对一道4分的选择题，我迟迟不敢触碰，颤颤巍巍地下笔，又总是在最后一秒改错。最极端的，在一次文综的考试中我一口气错了8道历史选择题，最后分数自然是惨不忍睹。高考近在眼前，分数和心态的双重压力，让历史这门我最喜欢的学科，变得那么令人恐惧。

努力把喜欢的变成擅长的

考砸一门喜欢的科目，是一件比考不好不喜欢的科目更加令人沮丧和焦虑的事情。很长一段时间里，我不断怀疑自己是否真的像我感受到的那样喜欢这门学科，又是否真的有能力去学好我所热爱的东西。在这样的怀疑下，我度过了很长一段迷茫和彷徨的日子，甚至到了看到历史题会手抖，本能地去抗拒看题做题的程度。而我对于题目的纠结程度自然也不断地恶化，错误率日益升高。但是值得庆幸的是，我并没有轻易放弃我自己，而是及时在高考前，找到了适合自己的历史学习方法，最终在高考时取得了历史选择题全对的好成绩，我也继续怀揣着自己对历史的热爱走进了北京大学历史学系的殿堂。

一 认真思考，总结问题

作为一个喜欢历史的人，我的历史知识储备可以说是并不少，我甚至还总爱在课外去了解一些课本中没有的历史知识。这些本该变成优势的东西，到了考场上，似乎又变成了我的一个劣势：想法太多，思路太杂，很多信息又是支离破碎的，最后只能任由思路渐渐偏斜，离正确答题轨道越来越远。同时，也因为一种“自己已经知道很多了”的浅薄的骄傲，使得我在背诵方面总是不够踏实，导致基础的史实方面频频出现疏漏，因而常常在考场上因为记不清两件事情发生的时间，而遗憾失分。除此之外，丰富的课外阅读尽管充实了我的知识储备，但我并没有对其进行及时的梳理，形成完整的思维知识网络，无论是面对选择题还是主观题，我都缺少下笔前的条理性，因而也就无法取得让自己满意的分数。

二　着手解决问题

在总结了自己的这些问题之后，我便开始着手寻找解决办法。

第一点就是矫正自己的思路。在文科知识方面，高考只是一个相对基础的考试，许多具有争议、更加多维的观点和讨论尽管实际存在，但是都会尽量避免出现在中学的课本和考卷中，以免对学生掌握基本史实造成困扰。而这一点反映在选择题上，则需要我们去选择出一个最佳答案，而不是在似乎有道理的答案中过分纠结和挣扎。因此，我意识到我需要以考点为导向，来梳理自己的知识体系，这样才能让自己的思路和出题人真正地保持一致，最终写出一个最佳的答案。为此，我从网上找来了近五年的文综高考真题，将每个题号之下的题目全部整理在一起，例如“客观题第一题：2015年xxx；2016年xxx；2017年xxx……”在这样的整理中，我越来越清晰地看到每一道题所对应的考点究竟是什么；也惊喜地发现，历年来的高考考题所指向的考点，其实保持着相当高的一致性。带着这样的考点导向意识，我重新开始尝试去做文综模拟题，果然更容易从题干中看出考点的导向，这就排除了自己原本充斥在大脑中的冗杂知识的干扰，正确率大大提高。

此外，夯实基础。在高中前两年，我一向自诩理解能力优秀，对于背书总是不屑一顾，认为即使背不出来，自己在考场上一样能靠所谓的“文科素养”和大概的知识点印象把题答对。但是面对高考考卷，我真实地发现，对考生的基础能力的考查，其实是高考考查的重中之重。无论是文综试卷的题量，还是题干的精细程度，都对我们在基础知识的掌握方面有很高的要求。因此，在许多人不停找最新的教辅资料的高考冲刺阶段的内容，我却重新捡起了自己的课本，开始一本一本地背最基础的知识点，任何一个角落里的字都不放过。这当然是需要时间的，但是也并非像很多人想象得那么艰难。每天睡前，我会把第二天要背的内容记在随身携带的笔记本上，在上学的路上小声背诵一遍。而高三后期的晚自习也相对自由，老师也很贴心地允许文科同学去走廊里小声背书。我就利用课间时间尽可能早地完成老师布置的作业，然后在晚自习的时间里找一个没有人的走廊，开始背书，经常一背就是一节课甚至两节课。渐入佳境后，我常常能在一节课的时间里背完一本书的知识点，也在这个过程中逐渐感知到每个章节、每本书之间的内在联系，进一步加强了我的理解能力，使我在运用的过程中更加得心应手。

建立时间空间二维联系

在看到我的客观题正确率逐步提高之后，我的注意力又转移到了历史主观题上。历史主观题作为文综卷子的最后一部分，往往是受到时间因素、心理因素影响最大的板块。刚刚开始练习文综卷的时候，班里几乎每个人都有过在最后几分钟对着空白的历史主观题答题区胡写乱画的经历。因此我开始思考，在文综合卷之后，怎么样才能做到将历史大题回答得又快又精准呢？我同样选择从整理往年高考真题入手，发现历史大题主要可以分为两种：一是古今对比，二是中西对比。所以我抓到了问题的症结——很多时候因为在对比的时候缺乏连贯的思路，同一个时间段仅仅能想到中国的事件而想不到世界的形势，又或者是考查同一个领域（经济、政治、官职制度等）无法联想到其他朝代的做法，等等。

为了解决这个问题，我毅然丢开了前两年的旧笔记，重新在中西比对的形式下，按照时间轴进行了新的知识点梳理，并且这个过程不断勾连起我对各个区域和时间段的记忆，实现了时间和空间知识点的契合。这份笔记的整理并不容易，当时市面上并没有合适的辅导书能够让我直接参考，因此我只能按照自己的思路从头做起，写到深夜也是常有的事。但是值得高兴的是，这样一个“原创”的过程极大地调动了我的自主思维，加深了我的记忆。在面对历史大题的时候，我的反应速度明显快了许多，做题正确率也大幅提升。

完成了做题的部分后，我没有忽视练习后的订正过程。由于历史大题一个主要的考查点就是知识点和文本的一一对应，因此在订正的过程中，我并不仅仅是抄写老师下发的正确答案，而是将答案拆解成围绕知识点的单条，将其和文本中的内容进行一一对应。为了方便观察，我用荧光笔在文本中画出对应部分，然后在旁边用红笔进行订正。再次复习错题的时候，效果就会比简单在题目下抄写正确答案要好很多。同时，这个过程也让我更清楚地意识到高考题干中的所有信息都是有用的，题干中几乎所有内容都具有一定的提示性，可以与知识点产生非常强的关联。在意识到这一点之后，无论是选择题还是大题的题干，我都看得更加仔细认真，在读题的过程中随时批注，保证看清楚每一个字，这减少了许多因为读题不仔细、理解题意片面的失误，提高了我的正确率，做题速度也在不断熟练之后大大提升。

老师的鼓励与陪伴

我的历史老师不间断的加油鼓气，也成了我这一路上最强有力的支撑。错了8道选择题后的那个夜晚，我陷入了万般的迷茫，坐在桌前更是久久无法开始学习。历史老师观察到了我的低落情绪，将我带到走廊安抚和鼓励了许久，让我一点点地认识到自己并不应该因为这一次的失败而萎靡不振，这让我重拾了自己的信心。所以，如果说还要给我历史成绩的提高最后找一个理由，那就是我对历史老师的充分信任，以及老师对我的充分信任。在这样的双重信任和支持下，我总是第一时间找到老师坦白自己的问题，老师也会及时认真帮我分析我还可以努力的地方、提醒我的不足。所以在我看来，学会找到合适的外力支持，也是不断提高自己的过程中非常重要的一个部分。

在一个又一个夜晚，我强忍睡意打起精神，一本一本地翻看课本去寻找思维框架中需要的知识点；在一个又一个清晨，我打着哈欠攥着书走出家门，用笔记本上密密麻麻的知识点唤醒我新的一天；而在无数个课间，我抱着自己整理的资料站在历史老师桌前，一点一点核对自己是否还有遗漏的地方，补充老师给的建议。终于，功夫不负有心人，在不断地积累后，我的成绩逐渐平稳，给我在高考考场上的良好心态打好了基础。在高考考场上，我自如地完成了整份文综试卷，并且取得了历史选择题全对的好成绩。

从热爱到擅长，我在历史这门学科上走好了这最后一公里，最终如愿走进了北京大学历史学系的大门。往常被知识点拘束的思维，在这里得到了最彻底的解放，在与史学大师、学门同侪的交流与沟通中实现了更高水平、更有深度的探索。因此，在高考这条必经之路上，我们需要将热爱转变成能够通往更高道路的一张门票，需要在不断的思考中真正实现自我，从而去拥抱和收获更好的自己。

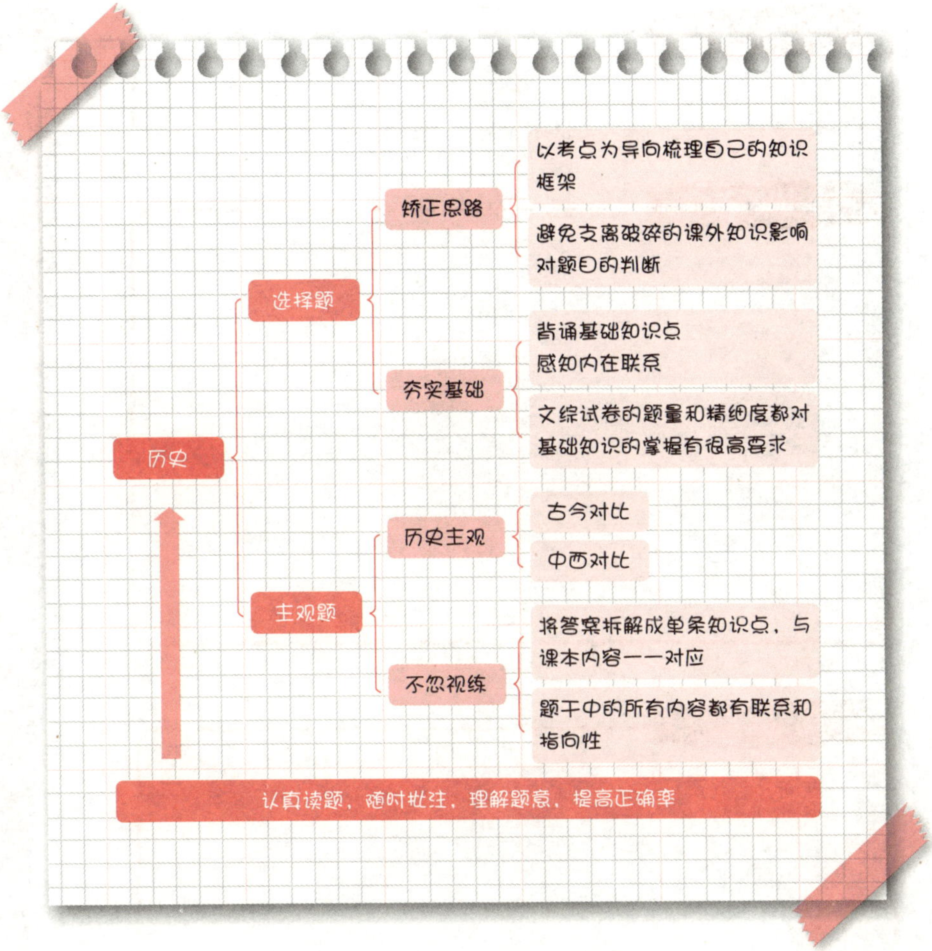

学霸阅读笔记

阅读打卡

新的收获

小 结

攻克地理学科的两大法宝——地图和模板

刘　茗

高考总分：662　文综：250

毕业于江西省临川第一中学

就读于北京大学中国语言文学系

地理，是公认的文科中的理科，它一反文科需要大量背诵记忆的学习模式，强调对知识点的分析、理解和综合运用。简言之，地理是一门对理科思维要求较高的学科。那么，在平时应该采取什么样的学习方法，才能有效地提高地理成绩呢？

在我上高二的时候，地理成绩一度“低迷”，分数总是徘徊在70分左右。不管做多少练习，地理成绩都没能有很大起色。看着选择题错了大半的练习题，我开始思考，这样的题海战术是不是真的有效？如果大量的练习伴随而来的是大量的错误，这是不是说明我的学习和做题方法本身出了问题，而不是练习量不够？这样想着，我停止了徒劳的题海战术，转而反思起了平时积累的问题，试图从中寻找到规律。通过整理以往的错题我发现，导致错误率居高不下的原因并不是我对知识点的掌握不够，而是我时常与标准答案的思路有出入或是遗漏了重要的得分点，而这往往是由于对题目情境把握不到位以及对题目信息提取不充分。于是，我决定对症下药，在课堂学习和课后练习中着重把握地理试题的设问模式和答题方向，由此总结出了一些学习地理和做题的方法。

把握试题模式的门路：情境与知识

《孙子兵法·谋攻篇》有云："知彼知己，百战不殆。"我们不妨把地理试卷当作高考战场上一道需要重点攻破的防线，在攻破这道防线之前，我们首先要了解它，即了解地理试题的考查方向和出题套路。众所周知，文综的题目大多不会直接提问知识点，而是先在题干里预设一个情境或者引用一个事件，从中设置与课本知识点相关的问题，需要我们读题并结合所学知识作答。这种特定情境与知识点相结合的模式，在地理试题中体现得尤为鲜明。地理试卷题型之所以多变，就在于它对同一知识点可以选择不同的情境来考查，且由于情境的不同，答题的方向也会有所改变；同时，它在同一情境下，也可以从自然、人文等多个方面进行不同的设问，考查不同的知识点。因此，它可以在同一题目中，既考查对知识点理解的深度，也考查对知识点掌握的广度，更考查对知识点灵活运用的能力。知识点就像是我们的工具，而情境是给定的工作框架，我们要做好地理试题，关键就在于把握试题情境和掌握知识这两个方面。

理解试题情境的关键——地图

一 地理试题情境的把握

众所周知，地理试题与其他学科试题的迥异之处就在于它包含大量的图像，即其所采用的情境通常都是以图像和文字相结合的形式呈现。其中图像一般包括各类地图、图表和实景照片或示意图，而文字则是对图片的补充。可以说，读懂地理试题中的图像是把握题干信息的关键。因此读图能力是我们学习地理时需要重点训练的方面。

二 情境的具体分析方法

一般我们接触到的试题情境有两种—大型的区域和具体的对象，前者如地形区、行政区、流域这样广阔的范围，后者则为具体的地点、主体和事件。在区域地理的学习中，我们会对世界各大洲以及中国各地区进行系统的学习，并了解其相关的地理环境特征。因此，我们在遇到上面所说到的大区域时，都会有基本的识别能力并了解它的相关信息。但是也不排除它所给的信息有限，或者是呈现的角度不同寻常，导致我们并不能一眼就判断出到底是什么地区。比如题中只给出某一大洲沿某一纬度的地形剖面图时，我们识别起来就比较困难。而对于一些小的情境，我们就更是有种陌生感，比如给出某条我们从未听闻的小河流时，很多同学就会觉得无从下笔了。遇到上述这两种情况，我们也不必慌张，或者懊恼于平时没有了解这个情境。要知道，试题并不是要求我们要像百科全书一样，了解世界上每一个地方的情况，而是考查我们读图、提取信息的能力和对课本知识掌握的程度。这一点也是地理试题预设的特殊性，它只会给出所选择的情境的部分信息，而要求我们从所给信息中推论出该情境的整体状况。这实际上体现了地理环境具有整体性的特征，即我们所熟知的“地理环境各要素相互联系、相互制约和相互渗透,形成一个有机的整体”的概念。面对这种题目，我们就要更多地依赖图文信息的分析，根据已有的信息推断出该情境所处的大致位置。这个步骤，就是给情境定位。而定位的目的，就是进一步推论出该情境隐含的更多信息。已知信息和隐含信息的总和，才是我们答题所立足的基础。

“提取图文信息—进行情境定位—推断隐含信息”这三个链条式的步骤，是分析地理试题情境的有效方法，而其中关键的桥梁，就是进行情境定位。这里说的定位并不是像GPS一样，找到具体的经纬度，而是能够分析出情境所处的大致范围。如果是世界地理范围内的情境，则需要知道所处的大洲以及大致的位置；如果是中国地理范围内的情境，就需要知道所在的行政区和地形区，进而知道该地区的自然地理和人文地理状况。这个精度是由我们所学的世界地理分区和中国地理分区来决定的。因为我们平常学习的一个重点就是了解各大分区的气候、水文、植被等自然环境特征和城市发展水平、农业、工业、交通状况的人文环境特征，而了解这些特征的基础就是要熟悉该地区的地图。地图，能够反映一个地区的位置、轮廓、地形和水文等特征。这些特征是我们识别一个地区的重要依据，同时也是分析该地区其他地理特征形成的出发点。所以，地图既是我们读题的关键，也是我们答题的要点。

高中时，我们地理老师在上第一节课时就强调了地图的重要性。他在讲解知识点的时候总是要找到相应的地图给我们示意，这使我们对知识点的理解和记忆变得形象起来，并且他也要求我们在平时多看地图、熟悉地图。我本人对熟悉地图所带来的好处也深有体会。小学的时候，家里的客厅挂了一幅中国地理的行政区图，当时我就很喜欢对着它指指点点，等到了高中，我就发现自己对中国省级行政区以及多数南方地区的城市都有印象（小学时个子不高，只能仔细地看到南部的地图），这对我答题带来了极大的便利。因此，通过熟悉地图学习知识，对我们学习地理而言，是一个事半功倍的方法。

比较推荐熟悉地图的步骤：

1.利用地理地图册或同类型的参考资料，将课本知识与之进行对照；2.在地图上进行标注或者演示；3.形成整体的印象。

比如我们在学习波斯湾石油的输出方向时，就可以把通向欧洲的两条线路和通向日本的一条线路在世界地图上勾画出来。在这个过程中我们不单熟悉了这一知识点，还能够对一些重要地点和交通枢纽的位置进行记忆的强化，由此我们就可以在学习知识的同时加深对地图的熟悉程度。

解答地理试题的秘诀—总结模板

有人说，面对考试，我们应该把它当作一次学习的机会来充分利用，而不应该纠结于分数上一时的得失。诚如此言，如果我们能够充分利用每一次考试的机会来进行知识的检验、巩固乃至学习，我们必能获益匪浅。那么在考试中，我们能够学习到什么呢？

一 答案就是考点

这里所强调的考点并非是一门学科所考查的知识总体有哪些，而是面对不同的情境和设问，我们的答题要点应该有哪些，换句话说，就是由考点整合而成的答题模板。

诚然，在课堂教学和习题讲解中，老师都会给我们讲授一些问题的答题模板。然而地理的答题模板并不是现成的答案，而是根据不同的情境填充不同内容的答题框架。并且，这个框架往往不会是彼此不相关知识点的平行罗列，而是会形成有机的结构，或者是一个问题层层推导的逻辑关系，又或者是同一问题不同方面的聚合关系。因此答题模板的掌握和运用是不能够只靠死记硬背的，而是应该充分理解背后的思路，并且分析出它的哪一部分是通用的，哪一部分是随情境的变化而变化的。因此，答题模板除了依靠老师的讲授之外，更重要的应该是自己的理解和总结。

考试的试题和标准答案，是用来学习、理解答题模板最合适的材料。

二 对试题的勾画

对试题的勾画与考试同步进行，即对题干文字和所给图片的关键信息进行勾画，并且最好对勾画出的信息进行分层，在旁边空白处，还应该写出由这些信息可推导得到的隐含信息。需要注意的是勾画时应该尽量简洁，突出重点，不宜影响试题本身的观感，特别是图片的清晰度。阅读完试题之后，我们再看到题目信息，对于设问，我们需要圈出试题的提问方向。有的题目一问可能分有两个小问，如果进行圈点的工作，就不至于遗漏答题要点。在了解了设问之后，我们再返回到题干中，寻找刚才勾画出的关键信息，以便快速地组成答案的要点。按照这种方法，我们在提高答案完整度的同时，也能够提高答题的速度。就我个人而言，在这种模式下，完成地理大题的时间不会超过半小时。

三 对标准答案的勾画

如果有标准答案，对于标准答案的勾画，就可以在老师讲授题目的时候进行；如果没有，就需要进行要点的记录。这里我们不需要记住全部的答案，只需要通过对得分点的划分来理解该类题目作答时需要从哪些方面入手、必要的答题术语是什么就足够了。同时，我们与做题时勾画出的信息相对照，理解每一个得分点是如何获得的。由此，我们就可以总结出一类题目的答题模板，这个模板是包含“问题类型”“作答方面”和“相关术语”这三个方面的。在做答题模板的时候，一定要注重层次性，用大括号分点的方式记录，更具有直观性。

综上所述，要想攻破地理试题，我们应该把握好题目情境和相关知识点这两个要素。而在日常的学习和考试中，不断熟悉地图和总结答题模板，以提高自己做题的效率和能力。总而言之，掌握了地图和模板，学好地理并没有你想象得那么困难。

“禹门已准桃花浪，月殿先收桂子香。”祝愿各位学弟学妹都能在高考中取得理想的成绩！

学霸阅读笔记

阅读打卡

新的收获

小 结

04

家庭教育篇

教育家
蔡元培先生说
家庭者
人生最初之学校也
只有良好的家风、家教
才能培养出优秀的人
家庭教育并不是
父母给孩子提供
多好的物质条件
多么优越的学习环境
而是父母能够
以身作则
给孩子起到榜样的作用

长辈和同侪给了我前行的勇气和力量

隆孟君

高考总分：**654**

毕业于广西武鸣高级中学

就读于北京大学外国语学院

我就读于北大，一个在很多人眼里，神圣、高不可攀的最高学术殿堂。身在这所校园中的我，在旁人知晓我的学校时，也常被蒙上了一层“看起来就很厉害”的虚假滤镜。

但其实，我只是一个再平凡不过的普通人，并不是什么所谓的“学霸”，没有什么天才的学习方法，也没有非凡的专注力和自制力，最终能来到这里，除了脚踏实地，扎扎实实地把基础打好，一步一个脚印地走好每一步外，外部环境对我而言也是很重要的一个因素。

父　母

在各种外部因素中，最重要的非我的父母莫属。我的家境很普通，父母偶尔也会为了钱的问题发生争执，但在教育我的问题上，他们却默契地保持一致，从来不会发生分歧。同时，他们对我的管理可以称得上“佛系”，他们只会在适当的时候对我做一些提点，并不会强势地插手、干预我的学习和生活，在这样的环境下，我没有背负过多的压力和负担，一路平稳地走到了今天。

一 兴趣激发

学习从来就是一件枯燥的事情，但如果能从中发现乐趣，就能起到事半功倍的效果。

从幼儿园开始，父母会每天不厌其烦地问我，今天在学校学到了什么，发生了什么有趣的事情。渐渐地，即使他们不问，我也会主动向父母分享自己学到的新歌、自己制作的手工、自己画的画等。有时我甚至还会充当小老师，纠正爸爸不太标准的普通话发音。对于这些现在在我看来非常幼稚的东西，我的父母从来没有过不屑或不耐烦，反而很耐心地听我说，看着我或是陪着我一起做。有人陪伴着学习的安全感和学有所用的充实感，让我每天都期待着学习和分享更多的新知识。

而在课堂之外，除了学习兴趣，父母还会注重我良好学习习惯的养成。当我遇到生字时，即使再简单再容易，父母都不会选择主动告诉我，而是带着我去翻字典，鼓励我自己去查。因此，我们家的字典总是放在我最容易拿到的地方，这既满足了我的求知欲，也能防止我不劳而获。

培养学习的兴趣不在于让它一直保持高涨的状态，而在于提供一个良好的起步。我绝不算一个聪明的孩子，但因为有了学习兴趣，我学习的动力高涨，从小学开始就一路打下坚实的知识基础，长大后，在不需要以兴趣推动就能主动学习的时候，有这良好的基础为基石，我的路也走得比别人踏实许多。

二 宽严适度

我的父母从小对我实行的是放养教育，只要完成了老师的学习任务，就可以自由安排时间。他们从未逼迫我上过任何的课外补习班和兴趣班，但只要我提出想去，他们就会全力支持我，即使上过课之后并不喜欢，不想再去，他们也不会多说什么。

但放养并不意味着我可以随心所欲地做任何事，比如，我的上网时间就被严格限制着，工作日除了老师要求查资料等必要的情况，我不能打开电脑；而周末，一天也最多只能玩两个小时，时间一到就要关电脑，不能贪玩。同时，我的父母无论多忙，都一定会在晚餐时间坐下来和我吃饭，从小就给我树立了一种“一家人一起吃晚饭是一件非常重要的事情”的观念，因此无论出去玩到多疯，一到吃饭的时间，我都会乖乖地回到家里，和父母一起度过这段时光。这样潜移默化的培养，让我每当在娱乐的时候，心里总会自动拉起一条叫“适度”的红线。

对于我的学习成绩，他们也始终秉持宽严适度的原则，不过多干预，并完全相信我能够管理好自己的学习。即使是严重发挥失常，比如初三第一次月考时数学险些不及格，再如刚上高中时数学跟不上，单科年级排名一度落到1000多名（全年级总共1100人），他们也不会责备我，反而安慰我一切都会好起来的。但安慰的同时，他们也不会白白让这件事情翻篇，而是要求我自己回想当时考试的问题出在哪，并提醒我出现失误是进步的好机会，就这样逐渐帮我建立了主动反思、吸取教训的良好习惯。另外，在我取得好成绩时，他们也不吝于给我适当的物质奖励。在初三的一次考试中，我取得了年级前三的成绩，他们就奖励了我一张音乐节的门票，让我第一次听到了喜欢的歌手的live表演。但这样的奖励，往往是在我考得好并且有非常需要的东西时主动提起的，他们绝不会把物质作为一种每次考试后必需的激励手段，一来是不愿意在考前给我增加压力，二来也是相信我不需要以物质作为学习的激励。为奖励而学，效果不但不持久，反而会让考试的目的变质。

三 环境选择

为了给我一个最合适的学习环境，我的父母对我学校的选择也颇费了一番工夫。我家在一个不起眼的小县城里，在教育上成绩并没有多突出，因此在小升初时，许多家长看准了市里更好的教育资源，挤破了头把孩子往市里送，要么是交上高额的择校费进入重点中学，要么是宁愿选择教育质量次一点的市级学校，也不愿意留在县城里。而我的父母虽然带着我参加了重点中学的自招考试，但在看到了我并不拔尖的排名后，就明白了我极有可能适应不了那所重点中学的学习，也非常有可能得不到比较好的关注和培养，因此，最终我在县里一所口碑最好的中学的重点班里完成了我的初中学业。

而到了将要读高中时，他们很清楚，县城里的学校虽然可以提供质量相对还不错的初中教育，但并没有哪所学校可以提供足以应对高考的更优质的教育资源，这时，离开家成了必须而为之的选择。在仔细考虑了我的情况后，他们最终选择了一所离家有一到两个小时车程的在区内颇有名气的县级高中，既离家不算远，教育质量也相对高，同时还能让我无须在适应高中的紧张节奏的同时分散精力去适应市级学校相对差异较大的管理方式。

总之，父母对我就读学校的选择，并不是一味追求最好的学校，而是在考虑了我的自身条件之后选择了对我最合适的那一个。事实证明，虽然在入校时我都算不上突出，但在毕业时，我总能以尖子的姿态留在学校的光荣榜上，这与一个我能适应的环境是不无关系的。

除了学校的选择，在两次很重要的选择上，父母也给予了我极大的帮助。

在文理分科时，我在对将来的专业选择没有任何概念的情况下，完全无法抉择自己到底应当学文还是学理，在偏远的小县城人的传统观念里，理科就代表着“出路多，将来好找工作”，文科则意味着“没什么选择，将来也就只能当当老师和公务员”。我的家族很庞大，家里的亲戚往往会在孩子的教育问题上相互通气，互相出意见。在我分科选择的问题上，亲戚们也无一例外地表现出了极大的关心，很多亲戚强烈要求我读理科，但当时的我在理科学科上已经表现出了很大的力不从心，我对自己将来能把理科学好这件事没有任何信心，而文科不仅有我喜欢的地理，历史和政治相比起理科也没有那么难以消化。自己擅长的学科完全与其他人认为的所谓“正确的道路”背道而驰，这让我寝食难安，几乎每天都要打电话回家哭一场，想让父母帮我做一个最好的决定。但他们和我说：“照我们的观念当然是希望你读理科，但这是你自己的人生，到底采不采纳我们的意见你要自己考虑好。要是你真的想选文科，大可以放心去选，爸爸妈妈会帮你顶住亲戚朋友的压力。”听完他们的话，我果断把之前犹犹豫豫填在分科志愿表上的“理科”改成了“文科”，并由此萌生了一股“我一定可以上北大”的信心。在我所就读的高中，考上清北是只有年级前几甚至是第一才能做到的事，我已回想不起当时在一两百名徘徊的我的这份信心从何而来，但后来我能够成功做到，一定离不开父母在这个关键选择上对我的全力支持。

高考分数出来后，我恰好达到了北大录取分数线，但已没有选择专业的余地，只能读相对较少有人选的小语种专业，这回，各路亲戚朋友再次对这个专业的选择提出了异议，他们觉得以我的分数，大可以任意去其他学校读大热的金融类专业，将来毕业就做的是“赚大钱”的工作，于是一直想让我按照他们所设想的“正确的路”去走。而我的父母了解我一直想上北大的执念，因此除了必要时的帮助，他们依然坚持不过多干预我，有了他们做底气，我填报志愿的过程反而变得异常顺利起来。

直至今日，北大良好的人文和学术环境都让我受益匪浅，我更加相信自己做了一个正确的选择，也感谢我的父母给予了我绝对的信任和支持。

师长和同学

其实除了父母，我们学习环境中的每一个人都有可能产生积极正面的影响，我的老师和同学也同样扮演了一个驱动者的角色。

一 敢于求助

我是个不太善于和他人沟通的人，尤其是在面对比自己年长许多的老师时，更不知应该以什么样的方式与老师交流。因此，在上高中之前，我从没有主动找过老师谈话，甚至连问问题的次数都屈指可数，大多数题目都是问同学或等着老师上课讲解，实在解决不了的题宁愿留着也不愿向老师开口，我总担心万一自己问完了仍然无法理解，老师会很失望，自己也会很“丢脸”。但上了高中后尤其是越接近高考时，我越来越发现不是所有的问题都能通过与同学的讨论解决，老师上课也更不可能面面俱到地把每道题都讲清楚，而自己理解不了的点不能解开，就相当于给自己埋了一颗炸弹，一旦在考试中碰到同类型的题目，就完全束手无策了。本着对自己负责的想法，我开始鼓起勇气向老师询问，几次之后，我发现老师并不像我想象中的难以亲近，反而十分的和蔼且耐心，还会根据我的水平提出具有针对性的建议。因此，我有问题也再不攒着了，逮着机会就会向老师发问，甚至是在学习方法和生活上碰到难题，也会主动和老师约一个长谈的时间，非把问题解决清楚不可，以至于到后来，问完题目后，老师偶尔还会顺口问上一句：“最近还有没有碰到什么困难？”每次听到老师的关心，我因为高考日渐临近而紧绷的心，都会因此轻松许多。

这段难忘的备考经历让我明白，对我这种资质平庸的人来说，老师是高考路上绝对可以信任的朋友，放心地对他们敞开心扉，能够有意想不到的收获。

二 精于合作

在高中阶段，除了好老师，我还有一个非常默契的学习搭档，就是我的同桌。高中时每次安排座位，班主任都允许我们自由选择同桌，当时的学号是按照文理分班时的考试成绩进行分配的，我考虑到水平相近一些的同学交流起来会更方便一些，于是提出和学号排在我前面一位的同学组成同桌，她很爽快地答应了。同桌以后，我们很快就熟络起来，也确实如我预想的一样，我们对很多问题都会有思路的交流和碰撞，她的很多想法都让我受益匪浅，通过不断地交流和磨合，我们都进步得很快，组成同桌后的第一次大考，始终在十几名徘徊不前的我们，一下子冲到了年级第一和第三的位置。

而在如苦行僧一般生活的漫漫高考路上，同桌同样给了我很大的信心和鼓励。即将高考的那个学期，很多人都因为长达一年的精神紧绷而变得有些力不从心，我也不例外，同时还伴随着北大的目标不能百分百实现的担忧。在距离高考百天时，同桌突然对我说：“这么重要的日子，你得写些鼓励的话给我。”我顺着她的意思给她写了一张明信片，奇怪的是，写下那些话的本意是鼓励她，但亲手写下那些文字的我，也顿时觉得有了力量。于是从那天起，在每天结束之前，我都会给她写一张明信片，字数不多，内容也说不上多精致，但心怀着诚意送给对方的祝福，也反过来鼓励到了我。

这样的祝福一直持续到高考来到，考试当天，我们也同样互相鼓励着，怀着对未来的美好愿景，手牵着手迈进考场。这份鼓励和长期以来的共同努力，都让我们各自收获了好的结果。

总而言之，我最终来到了北大，与其说是我自身拼搏的结果，不如说是我幸运地拥有了理解、支持、帮助我的父母、老师和同学，是他们的善意和关怀给了我前行的勇气和力量，让梦想之芽最终结出了累累硕果。

学霸阅读笔记

阅读打卡

新的收获

小　结

理科无名小卒 一往情深北大中文系
——父母的理解与支持让我追梦成功

孙陈亦

高考总分：686

毕业于清华大学附属中学

就读于北京大学中国语言文学系

家长是孩子最亲密的接触对象，所能发挥出的能量其实很可观，只需一点智慧和经验去点燃，有的时候只在于心态上的转变。

和家长的对话是我一直头疼的问题，在专业报考上尤其是这样。2017年以后北京市高中入学不分文理科，我赶上了末班车，对我来说看似考试有规则可依，但也未必是个好消息：在理科气氛更浓厚的学校里，家长也都是理工科出身，我内心里却希望读文科，希望报考北大中文系，这和爸爸妈妈希望我踏实地读个理工科好找工作的愿景背道而驰。

这还不仅是沟通的困难。成绩上，我一直是个标准的“理科生”。文科考试需要考前突击性“死记硬背”。当然，这里的文科，不包括语文。很多理科生头疼语文，怎么也读不懂文章、写不出作文，但对我来说语文是我最喜欢的学科，成绩也在年级前十，我一向自己分析诗歌、总结阅读答题技巧，没死背过参考模板。所以妈妈也推心置腹地跟我讲：“理科生，语文好是优势。还是选理科吧。”

当然选文选理，前提是我能考上北大。而分数上，我却一直是“中等生”。家长虽从未暗示过我什么，但以我当时的成绩放眼北京市，那还是无名小卒一枚。就说自身未来发展吧，怎么看都是报个理工科学校“学门手艺”来得实际。

意愿表上到底怎么填？难道我实现内心的愿望和尊重家长的希望真的不能两全？哪个家长都不愿意孩子在未来后悔，因此恨不得替孩子决定。但孩子也都有自己的理想，同时也不愿意让父母伤心。这个矛盾很难解决。幸运的是，我有十分理性的父母。通过平等沟通、坦诚交流，他们和我两股力量，合二为一共同面对高考，这是我考上北大、报考中文系的关键。

分科：我梦中的理想与家长透露的现实

面对高二的文理分科，其实我心里也没数。一方面希望从父母那里得到一些建议，另一方面又怕父母替我做决定。但其实他们早已在思考这个问题，且因他们的阅历而对高中时代、对分科更有现实的考虑。我原本以为“考虑大学专业的选科”而选择了“中文系”，所以“应该选文科”，实际上却没有好好审视文科，也没有发觉到其实还有更宽的路可以走。家长给了我高屋建瓴的视角。

现在想来，当时想报文科的初心是为了“这样就可以好好学语文”。高级一点的考虑就是，我认为文科是历史老师口中的前人的智慧和思考，所以希望近距离瞻仰那种“人文精神”。但我知道家长绝对不允许我学文科的。但和我交流的时候，我妈妈还是很平静，抛出三个问题让我自己考虑：学文科就是学语文一科吗？高中的文科你了解吗？你考虑过分科对报志愿的影响吗？然后她推心置腹地讲，功利一点看的话，高中教育只是奠定一个基础、铺一条通往大学的路，即使能领略到一些深奥的秘义，在水平上仍然只是大学的一个引子。

于是，我去查了一些“高考文科满分笔记”，发现文科也很“应试”，最关键的还是要背大量东西，而我自己记性不太好。另一边，我的妈妈去查了一些高校的专业录取情况。信息一合计，我发现“理科”这条路比“文科”这条路更宽。我既然在纯文科里只想报中文系，且北大中文系一向收理科生，那我就没必要为了中文系选文科。而且在理科班里，我的语文反而能更好地在分数上体现优势。家长现实的视角点醒了我，让我脱离出一厢情愿的美梦，以真正现实的衡量，为自己的将来打算。

君子之约：北大中文系或者理工科

高三的时候，为了陪读，我妈妈换了工作。她常说："家长就是孩子学习的保障。"不仅仅是老师在家长会上强调的"少说话，多做饭"，我妈妈还做到了"多思考"。她并不建议我报中文系，却没有直接把话说死，而是与我定下了"君子之约"。无形的约定成了我高三一年奋斗的"安全网"，虽然不直接激励我，但代表着家长的让步和尊重。

我的父母成长在理工科大放异彩的年代，其实现在生活的重心仍然压在理工科一边。我内心里不是没有犹豫，理科已经学了这么久，大学转文未免有些可惜，另外也有就业前景的考虑。但又确实舍不下中文系，以至于在刷物理题的时候也会对着"光滑的半圆轨道上，一质量为M的小球……"开始走神，为它补充文学的细节。另一方面，这种"身在曹营心在汉"也造成了我对语文的早已超出应试范围的热爱，因为六科之中也就是语文距离我心目中的"文科""中文系"最近，甚至到了有一回月考前的周末我重新看了一遍《四世同堂》用作备考的程度。

那次当然被我妈批评了一通，不过她也似乎明白了我是真的对人文有一种天真的执着。于是考完试逐渐出成绩的时候，我眉飞色舞地跟她透露我的成绩，她也就趁大家都心情轻松的时刻跟我定下约定："要是你高考分数够上北大，那你想报什么我都不管。但要是不够，你就别想中文系了，踏实去学个理工科。"这样的考虑可以说是两全其美了。一方面这样的许诺和保证让我可以毫不顾虑地去努力，心里安定下来；另一方面家长也可以接受：毕竟是北大的中文系，金字招牌之下未来发展前景也有很多路可走（后来报完志愿我妈妈跟我说，其实要是分真的不够，也不一定其他学校的中文系都不考虑了。我笑了笑，家长总是望子成龙，但同时也总是舍不得真的委屈了孩子）。

中等生：突破“不上不下”，关键是家长首先相信

上文中我提到家长说“要是你分数够上北大”，的确，我一直不是TOP1的两所大学的“种子选手”。了解北京理科高考分数段的人都知道，在大学的第一和第二梯队之间有二三十分的断层。我的成绩一般就在这个断层里，活脱脱一个不上不下的“中等生”。但我妈妈向来都很相信我能考上TOP1，而她那种自信的表情也一直烙印在我心里。因此，对于我的“自信”说是“自信”，其实来自“他信”，就在家长身上。

上了高三之后，很多同学会因为自己的成绩排名和理想中的自己不符而郁郁寡欢，整天忐忑地学习和找老师答疑，每逢课间跑操和午休也是拿着作业直奔自习室。我的成绩也和理想不符，但我并没有太过紧张。一方面因为我能看到自己每天的进步，另一方面因为我妈妈一直很相信我。妈妈不仅从未以“就你那点分”或者类似的话教训过我，平时也总是鼓励我“咱语文很好，只要数学、英语再提五分，咱们就肯定能……”。她看到的是实实在在的提升空间和方法，所以我也始终以“眼底未名水，胸中黄河月”自诩。自信这种东西似乎很玄，但实际上一旦真的全身心投入了，你就会不由自主地去审视自己的行为，从而在

良好而平稳的心态中不断进步。

我发现自己会安静地坐下来，以自己的一套逐渐形成的方法面对学习。我会在每次语文考试失利之后写很长的自我反省的日记，会在作文跑题（因为有的时候审题的确很容易先入为主地偏题了）之后收藏卷子原题和讲作文时候的分析，而且像把自己钉在耻辱柱上一样，仔细地读自己的作文和年级的范文，勾画句子，划分层次。同时，也有日常的积累，比如我会把从“作文纸条”上找到的素材抄下来贴在墙上，睡觉之前站着读一会儿。这是语文。对于其他五科，我也为每一个科目准备了活页夹，整理重点知识、有价值的题目和错过的题目，其中题目部分又根据类型再细分。有的科目以题目为主，比如数学、物理，我就放在一个夹子，而有的科目比如生物，因为几轮复习的重点不同、笔记又比较多，我就准备了好几个夹子。看的时候脑子也在动：这些错题是因为脑子“抽”了才扣的分数，在这里丢分极其划不来；后面几页题目是TOP1同学必争之地，我最多扣两分；这两张纸是搞竞赛的“大佬”们的发挥空间，我能多拿一分是一分。“取法乎上，仅得乎中。”要想进步，自信是关键。而我妈妈那种积极的态度真的很感染我。

刷题多少：淡妆浓抹总相宜

有的时候我也会想，奇怪，我似乎没怎么大规模刷过题，高三没改错的卷子现在家里还有一大摞放着落土。同样是跟着学校老师，甚至班里有同学错题改了一遍、答疑一遍又重新做过一遍，到最后还是成绩不理想。要不要大规模刷题似乎一直是争议的热点。于我而言，答案是：不必大规模地刷题。家长给我的教育一直是轻松、快乐学习，同时保证知识的吸收效率。家长的这种“用一分能量发挥出十分力”的态度让我在“划水”中度过了高三并进入了北大。

刷题不是单纯为了做题。我一直觉得改错题奇快的同学有点过分积极，一中午能改掉一上午四门课的作业错题，心急吃不了热豆腐，我的经验是“适度”二字。首先，我需要保证我能有一个良好的心态面对一摞卷子，所以我往往去学校图书馆选一个临窗的位置，把草稿纸、用来做笔记的活页纸、没改的卷子、改完的卷子铺开在窗台和我周围的桌面上。看似学习环境无关紧要，但倘若能有一分用处，何乐而不为呢？然后我往往摸出一张卷子摆在面前开始钻研，不着急改，而保证自己回到原题的语境，获得那种答题的思路，如果做题的时候没算完，还可以继续算下去。直到自己的方法“山穷水尽”了，我才会研究答案的思路。这样的“破而后立”让我很容易对比出我的思路的局限之处（当然也没必要一定推到走投无路，除了像解析几何这种就是考验计算能力的值得花时间反复计算，一些的确是入手破题点都不对的也就没必要再死磕），然后开始改。我习惯剪卷子，直接把原题粘到错题本上，然后千疮百孔的卷子上的其他题目，就直接丢进垃圾桶了。一定要明确，高三的时候最珍贵的是时间，最多的是题目，有价值的留下，其他的也不必再缠磨下去。绝不能因小失大。在错题本上附上标准解题过程，再换一种颜色，标记刚刚发现的自己想不到的步骤，做一些批注。这样一道题才算改完。批注的好处是在复习的时候可以对题目的错因一目了然，节约了再读题的时间。

这个方法能让自己像海绵一样吸收思维的精华，但劣处在于效率比较低。听说年级里有同学，理综三科的《5年高考3年模拟》近两三年的版本都做过，到最后几乎看到题就知道出处。诚实地说，我做不到。同样，我也不太能熬夜。所以我说的“适度”也是学习方法和不同人的性格的相符。有的人不擅长事后思考，而是在实战中获得手感，那么或许刷上三个版本的《5年高考3年模拟》就比较合适。而我喜欢慢慢地学，旨在学懂了，所以学习方法也重在分析而放弃了一部分刷题。

说到这里还是要感谢家长的平和的心态。或许是学校“少说话，多做饭”的建议的功效，高三以后，一向操心我学习的妈妈很少拿我再跟其他同学攀比，反而开始钻研厨艺，钻研自己工作领域的书。虽然我那时候已经高三，但我妈妈说孩子毕竟是孩子，“在学校的压力已经够大了，回来还听爸妈唠叨，那不就疯了嘛？”她的默默期许和不催促，其实正让我加倍用心起来，且对学习的安排因为心里平静而更加高效起来。

回顾前12年的学习之路，我深感站在我背后的家长所给予我的，不仅是物质上的支持，更是精神上的指导。既有理性的建议，也有无条件的坚定支持，让我集中了精神面对学习，走出一条自己的迈向北大的路来。高考的经历更让我发现家长对我的影响早已内化于心、外现于形，也逐渐开始明白父母对孩子既期待又斟酌的做法和心理。在此感谢他们对我的栽培！如果没有他们的智慧，那么我今天还不知道会在哪里，在干什么。

理科无名小卒一往情深北大中文系——父母的理解与支持让我追梦成功

家长的视角点醒了我，让我脱离出一厢情愿的美梦，以现实的衡量为自己的将来打算

- 分科：我梦中的理想与家长透露的现实
  - 我——因为中文系而想读文科
  - 家长——给我不同的视角
    - 学文科就是学语文一科吗？
    - 高中的文科你了解吗？
    - 你考虑过分科对报志愿的影响吗？
  - 北大中文系一向收理科生，在理科班里，我的语文更能体现优势
- 君子之约：北大中文系或者理工科
  - 妈妈与我定下约定——“要是你分数够上北大，报什么我都不管。但要是不够，就踏实读个理工科”
- 中等生：突破“不上不下”，关键是家长首先相信
  - 我从来不是TOP1大学的种子选手，但我妈妈向来都很相信我能考上TOP1，她的神情也一直烙印在我心里
  - 妈妈总是鼓励我——咱语文很好，只要数学、英语再提5分，肯定就能……
  - 带着自信，不断审视自己的行为，从而在良好平稳的心态中不断进步
- 刷题多少：淡妆浓抹总相宜
  - 家长给我的教育一直是轻松、快乐学习，同时保证知识的吸收率
  - 家长的这种“用一分能量发挥出十分力”的态度让我在“划水”中度过了高三并顺利进入北大

学霸阅读笔记

阅读打卡

新的收获

小　结

父母的默默付出与陪伴助我圆梦北大

黄宁婧

高考总分：660

毕业于江西省上高二中

就读于北京大学外国语学院

如果说，学习上给我帮助的是老师，是同学，那生活上无条件支持我、给我温暖的定是我的父母。没有他们的悉心照料和无尽关怀，我绝不可能在高考中取得优异的成绩，进入北大。

我的便当里是妈妈满满的爱

妈妈经常说，因为我，她从一个厨艺一般的人变成了一个会烹饪许多美食的大厨。为什么会有这样的变化呢？我觉得是心疼。妈妈心疼处在高三的我，心疼每天都在为“过独木桥”做准备的我。她不想我因为吃饭奔波食堂，总担心食堂饭菜是否营养可口，所以她亲力亲为，为我准备一日“N”餐：每天绞尽脑汁地想要做什么菜、怎样搭配，在营养方面、味道方面还可以有什么改进。正因为妈妈的用心，我的便当永远都是色香味俱全、营养均衡。

但也因如此，妈妈更加辛苦。上学期间，为了让我早晨按时出门能带上午餐和晚餐，她前一晚会把食材准备好，第二天清晨6点不到就起床开始忙碌。周末，本该双休可以歇一歇的她，因为我依旧闲不下来，会将做好的饭菜赶在我中午放学前送到教室门口，陪我吃完饭再带着饭盒离开。我不忍心看妈妈这么辛苦，曾劝过她，她却跟我说送饭是她的小借口，她只是想多有一些能跟我单独相处的时间罢了。但我知道，妈妈这么做是希望能帮我节省出更多时间来学习，又不想因此给我带来压力。

早餐的种类，更是越临近高考越丰富。原因有一个，那就是我平时早餐吃得多，爸爸妈妈为了让我尽量多吃些，每天都准备很多类型的早餐。我现在还记得高考那两天，他们为了避免我考试考到一半会饿（毕竟考试的时间是从9点一直到11点半，非常挨近中午的饭点），所以准备了特别丰盛的早餐—有妈妈在家里煮的玉米、粥、鸡蛋和面条，有爸爸在我睡醒前就去外面的早餐店里买的包子、馒头和米粉，妈妈还切了几种水果，炒了一两个蔬菜……那两天早上我吃了很多，所以我中途完全没有觉得饿，有着充足的体力和精力，这保证了我的正常发挥。

除了正餐以外，爸爸妈妈还会给我准备很多“零食”。每天我出发去学校前，一盒削好的水果会放到我书包里，这样我可以在课间十分钟的时候补充一下维生素；他们还会给我塞一包坚果补充能量；晚上回家以后，他们还会准备另外一些吃的，比如牛奶、鸡蛋或一些不太好带到学校的水果等。这样做就是想保证我在高强度的学习下，体力、精力都一直在线，不会给我“掉链子”。

父母在饮食方面的准备，让我有充分的精力去应对高三高强度的学习。对于他们的良苦用心，我很感动。我知道现在我唯一要做的就是过好高考这个“独木桥”，战胜千军万马，吹响属于我的胜利号角。所以在学习上，我更加努力，更加专注。

回家的路上并不孤单

其实父母在我交通出行上一直都特别上心。从上初中开始，因为学校和家的距离比较远，所以我骑自行车上下学。每天晚上我骑车回家，他们其中的一个人都会在距离我家最近的那个十字路口等我，我骑到他们跟前下车，推着车和他们一起走回家。

从初中到高二一直都是这样。高三开始，父母为了让我上下学轻松一些，一直都是用电动车或者开车接送我。这样，我就可以晚点起床，多睡几分钟，甚至有时候拿了早餐在车上吃，也节省了在家吃早餐的时间。

虽然说他们这么做的直接目的是为了节省我的时间，让我上下学更轻松一些，但我觉得这也有了独属于我和父母之间的回忆。每天能够有一段时间和父母在上下学途中聊聊天、说说话，我觉得也是一个很好的陪伴父母、放松身心的方式。而且这会让我知道，每天放了学，会有爸爸或者妈妈在校门口等着我，也让我感到非常安心，晚自习的时候也变得更有动力。

在要求我之前他们会先做到

在学习习惯这方面，爸妈对我的要求其实从我很小的时候就开始了。他们一直跟我强调不论做什么，一定要专注，学习的时候一定好好学习，玩的时候好好玩，绝对不能一心二用。因此，在我写作业或者看书的时候，他们会排除我身边的一切干扰因素，比如会让我远离电视和手机，到房间里学习；看电视的时候严禁写作业，要写作业的话就不能看电视。他们会以身作则。有时候他们可能会临时有一些工作，需要带到家里完成，当他们自己工作的时候，也会找一个安静的地方完成，绝不会一边工作一边看电视或者玩手机，这样也为我做了一个好的示范。所以，我很小的时候就养成了先专心完成手头的任务，再轻轻松松去玩的习惯。

除此之外，还有高效完成任务的习惯。我的父母都是做事情特别迅速的人，很受不了磨磨蹭蹭，所以从小在他们的影响下我也习惯了迅速完成任务，受不了一件事一直拖着不做。上学以后我也一直保持着这个习惯，每天都会迅速地完成作业。但是因为速度太快，以致经常犯一些粗心的问题。所以到了高中，我反而会让自己做题的速度慢下来一点，这样就可以在保证速度的同时，也保证做题的准确率。

恰当的引导让我的学习效率事半功倍

虽然父母在学习方面不会对我干涉太多，但是也会给我一些引导，尤其体现在课后方面。

在时间规划上，父母会让我每天在学习之前先写一个今天的时间规划表，这个时间规划表会记录我这一天要完成哪些任务、做哪些习题、预习以及复习哪些内容，同时，还要大致在时间轴上标出这些内容实施的时间，这样，可以按部就班地完成各项任务。同时，每完成一个就在这项任务后打上钩，这让我有了很强烈的满足感和成就感。

父母虽然对我高中学的具体内容不是很清楚，但是经常会在网上找一些优秀学生的学习方法或窍门给我看。有时候他们找的资料虽不是很规范，但是也会开拓我的思路，或多或少都会帮到我。

沟通与陪伴

在父母和孩子的沟通方面，我一直觉得我的父母做得很好。从小到大，他们一直很喜欢和我聊我在学校发生的趣事。每次回家，父母会问我，今天在学校有没有发生什么好玩儿的事儿。我觉得这很大程度上激发了我的表达欲，让我从小就喜欢和人聊天，一定程度上提高了我的表达能力。同时，这也让我知道了父母很关心我的学校生活，让我感受到父母对我的关心和爱。

父母一直告诉我不管发生自己觉得有多么难以解决的问题，都可以告诉他们，这样大家可以一起寻找解决的办法。所以即使遇到问题，我也不会感到畏惧，因为我知道父母一直在我身后，给我提供帮助。

我一直觉得父母和子女之间良好的沟通可以使很多问题迎刃而解，比如考试心态、学习状态。倾诉可以舒缓高三学生的学习压力。同时，如果孩子在学校遇到校园暴力等问题，及时告诉家长也可以及时解决问题。

在我成长的过程中，父母一直陪伴在我的左右，我遇到问题的时候他们在，我需要他们的时候他们也一直都在。我一直生活在一个充满爱意、非常幸福的家庭中。我不但没有任何的后顾之忧，而且我知道，我身上背负了父母的期望，因此我一定要取得一个优异的成绩，来证明父母的付出并没有白费。

身体健康最重要

高三不仅是一场脑力的消耗赛，更是一场体力的消耗赛。早上从7点左右到学校开始，就要投入学习，上午早读加上上课4个半小时左右，除去中午最多一个小时的吃饭时间、一个小时的午休时间，下午继续上课，晚饭耗去一个小时，晚上要连续学到10点左右，除去所有的课间时间大概一个小时，一个高三学生一天基本的学习时间大概有10多个小时，更别说有些同学晚上回家还要学习到很晚了。在这种高强度的学习下，你的身体状况不好，经常生病，那么你请一天假的话就要比别人少十几个小时的学习时间。同时，如果身体状况不好，也让你在学习时无法完全投入。所以说，高三乃至整个上学阶段，身体素质实际上是非常重要的。高中时期我几乎没有因为身体原因请过一次假，这保证了我至少在学习时间上没有落后于其他同学。

这一切都是父母对我的影响。首先是上面提到过的饮食，保证我每天摄取足够的营养。其次是运动，在这方面，班主任每天会在课间带全班去操场上跑步，除此之外，父母会要求我每次下课的时候不能一直坐在座位上，一定要活动一下身体，可以去走廊上走走，可以去找同学聊聊天，但是一定不能久坐。放假的时候，父母会带我去散步、打羽毛球，或者进行其他的体育活动。

激 励

做什么都需要一定的动力，学习也不例外。父母在学习方面给了我足够的学习动力，让我每天能够冲劲儿满满地去学习。

一是口头方面。可以说，父母对我说过的话里，最不缺乏的就是表扬赞美的话。每当我考试得了前几名，或者某一科的成绩有了一点小小的进步，父母就会鼓励我，告诉我现在的努力是有效果的，一直努力下去一定会实现自己的目标。当然，即使我哪次没有考好，父母也不会抱怨我，他们会帮助我找出我的问题，避免下次考试犯同样的错误。

此外，物质上的奖励也是他们激励我的方法。在比较大的考试中，如果我取得了很优异的成绩，父母就会满足我的一个小心愿，通常是给我买一个我一直想要的东西，比如买一本书、一件新衣服等。为了实现我的小心愿，每次考试我都会尽量少出错，这样，不仅可以获得来自学校的奖励，而且也能获得父母的奖励。

说了这么多，总之一句话，父母在我考上北大的这条道路上，真的对我产生了很大的影响。不管是日常习惯上，还是最后高考的短短两天，父母都给了我很大的助力。所以我认为，父母如果想要让孩子取得自己希望的成绩，就要为此付出一定的努力。毕竟，付出的多少和结果的好坏往往是正相关的。

不管怎么样，希望正在阅读这篇小文章的你，学生也好，父母也罢，都能实现自己想要的。加油！

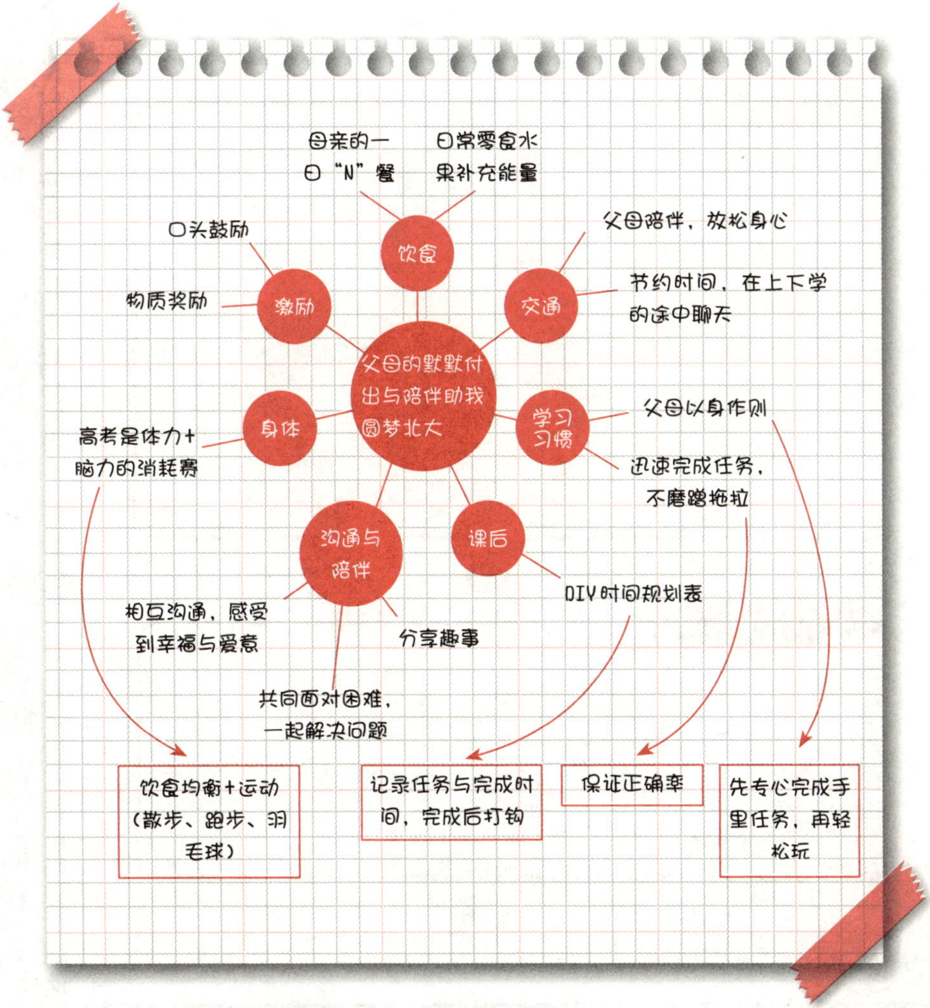

学霸阅读笔记

阅读打卡

新的收获

小结

清北学霸

课堂笔记（阅读）

笔记这样记，
提分更容易！

姓名：

班级：

寄语：

清北学霸团队

教你如何使用课堂笔记本

○ 为什么要记好课堂笔记

高中的知识点集中且零碎，例如语文的一道文学类文本的开头作用题，就可能涉及奠定基调、呼应标题、埋伏笔、交代时间和地点、塑造人物形象、渲染某种氛围、制造悬念等多个知识点。不难看出，它的答题点非常多且零碎。化学和生物大题，一个问题问得非常刁钻，可能是因为考得偏，也可能是考得综合，涉及了多个板块的知识点且需要把已有的知识灵活运用到题目中那些你不熟悉的元素或者生物情境上去……

这些科目需要很强的综合能力：一个完整的知识体系和举一反三的联想能力。当然，瞎猜是不靠谱的，你要能够通过题目的线索揣摩出题人的意图。

在课堂上把老师提到的重难点全部记下来是大有裨益的。课堂笔记做得好相当于省了很多刷题总结的功夫且有事半功倍的效果。很多知识点考的就是一个熟练度和灵活度。你的笔记可以为你打下一个坚实的基础，建立起一个完整的知识体系框架。之后再通过刷题、总结来查漏补缺，完善自己的知识体系和思路。

○ 什么是康奈尔笔记法

康奈尔笔记法又叫5R笔记法，主要分为以下几个部分：

记录（Record）。在听讲或阅读过程中，在主栏（将笔记本的一页分为左小右大两部分，左侧为副栏，右侧为主栏）内尽量多记有意义的论据、概念等讲课内容。

简化（Reduce）。下课以后，尽可能早地将这些论据、概念简明扼要地概括（简化）在副栏，也称回忆栏。

背诵（Recite）。把主栏遮住，只用副栏中的摘记提示，尽量完满地叙述课堂上讲过的内容。

思考（Reflect）。将自己的听课随感、意见、体会之类的内容与讲课内容区分开，写在卡片或笔记本的某一单独部分，加上标题和索引，编制成提纲、摘要，分成类目。并随时归档。

复习（Review）。每周花十分钟左右的时间，快速复习笔记（先看副栏，适当看主栏）。这种做笔记的方法初用时，可以以一科为例进行训练。在这一科不断熟练的基础上，然后再用于其他科目。

一般情况下，右边记笔记，下面整理提纲，左边可以做一些注释、问题、联想到的内容、补充等。

而且左边的部分很宽，你在后续做题时的一些总结、缺漏都可以及时补充。这样你每一次的复习都是一次有效的强化。

○ 如何使用康奈本

在康奈尔笔记本上完全不用追求右边笔记内容饱满，左边也有足够的空间让你补充、注释，梳理出逻辑和框架其实是留到你完成课堂内容之后的事情了。因此上课可以更随意地记，记到重点才是关键。

复习时更多是看下面的总结。你梳理的逻辑链条、框架。你需要根据自己整理的这些线索掌握整节课的框架和每个部分的细分点。就像电脑里的文件一样，金属这个文件夹点进去，有钠、镁、铝、铁、铜等，每个子文件夹点开又有文件夹，一层一层套下去。这样你会掌握一种大局观，整个板块的内容在你的大脑中形成了一个树状结构，是最方便搜索且不会遗漏要点的。你的思维也是有条理的，考试时也不会不慌乱。

整理总结栏最好的时间其实就是课后，实在来不及当天晚自习或者睡前也可以。对于新知识的整理，“及时”是最重要的，可以更高效地克服你遗忘的惯性。其次在大考复习、高三复习时再次回顾这些总结都是非常有用且必要的。

当你已经掌握了所有的笔记内容以后，也就是你能够根据一个简单的由一些关键词组成的框架回忆起整个板块的内容，你就可以通过刷题对其中的易错点、重点、难点有一个更好的把握，你也能够对这些最细分的知识点有一个合理的权重分配。在遇到新题型、新元素、新情境时，也能很好地剥丝抽茧，透过浮云看本质，揣摩出题人的意图。

更多关于课堂笔记本的使用方法、技巧和心得，请通过学霸的指导视频进一步了解。

课堂笔记指导视频　　闻道清北公众号

清北学霸团队

教你如何使用阅读笔记本

○ 为什么使用阅读笔记本

俗话说，好记性不如烂笔头，读过的书，如果只是如看小说般随意翻过，很快就会把大部分内容忘干净。你还记得三个月前的下午你做了什么吗？如果你不记得你那天的经历，你又凭什么记得那天所读书的内容呢？但是，如果做了读书笔记就不一样了，就像一本日记能让你轻松回忆起一年前的美好时光，那么一本读书笔记也能让你把每本书的内容“长”在脑中。

奥野宣之写过一本《如何有效阅读一本书》，里面强调图书都是有重点的，没有必要从头到尾详读。重要的是不管篇幅多少，都要下点功夫让自己对读过的书有印象。即使只记下这本书的作者、书名、阅读时的情景或是做些摘抄都好，要坚持写读书笔记，这就是最有效的读书法。杨绛先生也说，有些人之所以不断成长，绝对是有一种坚持下去的力量。好读书，肯下功夫，不仅读，还做笔记。人要成长，必有原因，背后的努力与积累一定数倍于普通人。所以，关键还在于自己。

○ 如何积累优秀句段

也许你阅读文学经典，文中细腻生动的人物描写、雄伟瑰丽的自然风光都让你赞叹不已，这时，最应该做的就是把它摘抄下来，记录在属于自己的读书笔记本上：时常回望，或许慢慢你就会发现，自己的文笔由生涩到流畅，美妙的文字开始在你笔尖流淌。也许你阅读时文社评，文中充分扎实的论据例证、滴水不漏的逻辑推理实在使你击节赞叹，这时，你依然应该拿出你的笔记本，将这些思想的结晶记录在内，待你需要写作之时，这便是极好的参考。一本书，一篇文章不必字字珠玑，但一定拥有自己的亮点，你要做的就是把它收集到自己的笔记本上。

○ 如何积累阅读心得

如果说，句段摘录使你把书从厚读到薄，那么读书心得则是把书从薄读到厚的过程。这里我要特别向大家推荐一种读书方法，那就是横向联系。或许你刚刚摘录了“会当凌绝顶，一览众山小”，那么，你也许还会想到“无边落木萧萧下，不尽长江滚滚来”。都是杜甫登高所感，心境为何如此不同？他又经历了什么，正在担忧些什么？对于一个问题，或许几个学者都有自己的想法，他们在争论什么？每个人的理论能解决什么问题，又在哪些方面做得不足？这些问题，都可以体现在你的读书心得当中。知识永远不是一个个孤岛，真正掌握了的知识一定是一个体系，你知道对于一个idea，它处在什么地位，和其他想法有什么联系，这种融会贯通的学法才能使你真正掌握知识。要怎样融会贯通呢？当然是记笔记！

○ 学霸阅读技巧推荐

阅读读两遍：第一遍正常通读，跟着作者的思维推进，这一遍以圈点勾画为主，可以把自己觉得重要的段落，精彩的语句做上标记。第二遍读的时候就可以开始做笔记了，对于有标记的地方精读、摘抄，发现它和其他思想的联系；没有标记的平庸之处则可以读快一点。读第二遍还有一个好处：第一遍有些疑惑的地方这时可能会豁然开朗，或是第一遍未注意的伏笔转折这时你才恍然大悟。当你基本了解了作者的思想，回过头来你也更能理解书中精妙之处。

查理·芒格也告诉世人：“我这辈子遇到的聪明人（来自各行各业的聪明人）没有不每天阅读的——没有，一个都没有。我的孩子们都笑话我，他们觉得我是一本长了两条腿的书。”我们不必把自己变成“两脚书橱”，但想要成为那“来自各行各业的聪明人”，多读书、多做笔记，还是必不可少的。

更多关于阅读笔记本的使用方法、技巧和心得，请通过学霸的指导视频进一步了解。

阅读笔记指导视频

闻道清北公众号

课堂笔记 使用示例

声现象 2020年9月3日

1. 产生——振动
2. 声波
3. 传播——介质
4. 真空不能传声
5. 介质不同，传播声音的速度不同
6. $v_{空气}=240m/s$

1. 声音是由物体的振动产生的。
2. 一切正在发声的物体都在振动，振动停止，发声也停止。
3. 声音是以波的形式传播的，我们把它叫作声波。
4. 声音的传播需要物质，物理学中把这样的物质叫介质，传声的介质既可以是气体、固体，也可以是液体。真空下不能传播声音。

1. 声音的产生与传播：

(1) 声音的产生：原因、特点

(2) 声音的传播：形式、介质

为学习内容划重点，记录学习中发现的问题、激发出的灵感……

记录老师经典的知识归纳，转化信息、为我所用。

及时总结概括老师课上内容，形成自己的知识提纲。

阅读笔记 使用示例

钢铁是怎样炼成的　　2020年9月3日

主要内容：

讲述了保尔·柯查金从一个不懂事的少年到成为一个忠于革命的布尔什维克战士，再到双目失明却坚强不屈创作小说，成为一块坚强钢铁的故事。

优秀句段：

人应该支配习惯，而决不能让习惯支配人。

赏析：

作者是希望通过这句话来反应主人公的内心世界和人生观，因为习惯的力量是无穷的，我们千万不能小看。就好比现在有一本优秀的书籍叫作《高效能人士的七个习惯》，就是主要讲述习惯对生活和生命的意义。而我们应该过自己的思考和科学的观点来管理好自己的习性，让习惯为我们服务。

心得感悟：

今天，我们生活在和平美好的时代，更加不能浪费时间、荒废学业，应该有所学，不仅仅是为自己筹划将来，更是对社会贡献自己一份力量，为实现伟大的中国梦添砖加瓦，让自己不给社会带来负担，然后再图强壮大，成为一个有用的人！

概括主旨，帮助自己加深对文章的理解。

摘抄经典，帮助自己积累沉淀语文素养。

记录心得，帮助自己让平时的阅读更有意义。

目录

contents